京华通览

历史文化名城

主编／段柄仁

北京史略

潘惠楼／编著

北京出版集团公司
北京出版社

图书在版编目（CIP）数据

北京史略 / 潘惠楼编著；段柄仁主编. — 北京：北京出版社，2018.10
（京华通览）
ISBN 978-7-200-13911-2

Ⅰ.①北… Ⅱ.①潘…②段… Ⅲ.①北京—地方史 Ⅳ.①K291

中国版本图书馆CIP数据核字（2018）第041456号

出 版 人　曲　仲
策　　划　安　东　于　虹
项目统筹　董拯民　孙　菁
责任编辑　李更鑫
封面设计　田　晗
版式设计　云伊若水
责任印制　燕雨萌

"京华通览"丛书在出版过程中，使用了部分出版物及网站的图片资料，在此谨向有关资料的提供者致以衷心的感谢。因部分图片的作者难以联系，敬请本丛书所用图片的版权所有者与北京出版集团公司联系。

京华通览
北京史略
BEIJING SHILUE
潘惠楼　编著

*

北京出版集团公司
北京出版社　　出版
（北京北三环中路6号）
邮政编码：100120

网　址：www.bph.com.cn
北京出版集团公司总发行
新 华 书 店 经 销
天津画中画印刷有限公司印刷

*

880毫米×1230毫米　32开本　7.375印张　152千字
2018年10月第1版　2022年11月第2次印刷
ISBN 978-7-200-13911-2
定价：45.00元

如有印装质量问题，由本社负责调换
质量监督电话：010-58572393

《京华通览》编纂委员会

主　　任　　段柄仁
副 主 任　　陈　玲　曲　仲
成　　员　　（按姓氏笔画排序）
　　　　　　于　虹　王来水　安　东　运子微
　　　　　　杨良志　张恒彬　周　浩　侯宏兴
主　　编　　段柄仁
副 主 编　　谭烈飞

《京华通览》编辑部

主　　任　　安　东
副 主 任　　于　虹　董拯民
成　　员　　（按姓氏笔画排序）
　　　　　　王　岩　白　珍　孙　菁　李更鑫
　　　　　　潘惠楼

序

PREFACE

擦亮北京"金名片"

段柄仁

北京是中华民族的一张"金名片"。"金"在何处？可以用四句话描述：历史悠久、山河壮美、文化璀璨、地位独特。

展开一点说，这个区域在70万年前就有远古人类生存聚集，是一处人类发祥之地。据考古发掘，在房山区周口店一带，出土远古居民的头盖骨，被定名为"北京人"。这个区域也是人类都市文明发育较早，影响广泛深远之地。据历史记载，早在3000年前，就形成了燕、蓟两个方国之都，之后又多次作为诸侯国都、割据势力之都；元代作为全国政治中心，修筑了雄伟壮丽、举世瞩目的元大都；明代以此为基础进行了改造重建，形成了今天北京城的大格局；清代仍以此为首都。北京作为大都会，其文明引领全国，影响世界，被国外专家称为"世界奇观""在地球表面上，人类最伟大的个体工程"。

北京人文的久远历史，生生不息的发展，与其山河壮美、宜生宜长的自然环境紧密相连。她坐落在华北大平原北缘，"左环沧海，右拥太行，南襟河济，北枕居庸""龙蟠虎踞，形势雄伟，南控江淮，北连朔漠"。是我国三大地理单元——华北大平原、东北大平原、蒙古高原的交汇之处；是南北通衢的纽带，东西连接的龙头，东北亚环渤海地区的中心。这块得天独厚的地域，不仅极具区位优势，而且环境宜人，气候温和，四季分明。在高山峻岭之下，有广阔的丘陵、缓坡和平川沃土，永定河、潮白河、拒马河、温榆河和蓟运河五大水系纵横交错，如血脉遍布大地，使其顺理成章地成为人类祖居、中华帝都、中华人民共和国首都。

这块风水宝地和久远的人文历史，催生并积聚了令人垂羡的灿烂文化。文物古迹星罗棋布，不少是人类文明的顶尖之作，已有1000余项被确定为文物保护单位。周口店遗址、明清皇宫、八达岭长城、天坛、颐和园、明清帝王陵和大运河被列入世界文化遗产名录，60余项被列为全国重点文物保护单位，220余项被列为市级文物保护单位，40片历史文化街区，加上环绕城市核心区的大运河文化带、长城文化带、西山永定河文化带和诸多的历史建筑、名镇名村、非物质文化遗产，以及数万种留存至今的历史典籍、志鉴档册、文物文化资料，《红楼梦》、"京剧"等文学艺术明珠，早已成为传承历史文明、启迪人们智慧、滋养人们心灵的瑰宝。

中华人民共和国成立后，北京发生了深刻的变化。作为国家首都的独特地位，使这座古老的城市，成为全国现代化建设的领头雁。新的《北京城市总体规划（2016年—2035年）》的制定和中共中央、国务院的批复，确定了北京是全国政治中心、文化中心、国际交往中心、科技创新中心的性质和建设国际一流的和谐宜居之都的目标，大大增加了这块"金名片"的含金量。

伴随国际局势的深刻变化，世界经济重心已逐步向亚太地区转移，而亚太地区发展最快的是东北亚的环渤海地区、这块地区的京津冀地区，而北京正是这个地区的核心，建设以北京为核心的世界级城市群，已被列入实现"两个一百年"奋斗目标、中国梦的国家战略。这就又把北京推向了中国特色社会主义新时代谱写现代化新征程壮丽篇章的引领示范地位，也预示了这块热土必将更加辉煌的前景。

北京这张"金名片"，如何精心保护，细心擦拭，全面展示其风貌，尽力挖掘其能量，使之永续发展，永放光彩并更加明亮？这是摆在北京人面前的一项历史性使命，一项应自觉承担且不可替代的职责，需要做整体性、多方面的努力。但保护、擦拭、展示、挖掘的前提是对它的全面认识，只有认识，才会珍惜，才能热爱，才可能尽心尽力、尽职尽责，创造性完成这项释能放光的事业。而解决认识问题，必须做大量的基础文化建设和知识普及工作。近些年北京市有关部门在这方面做了大量工作，先后出版了《北京通史》（10卷本）、《北京百科全书》（20卷本），各类志书近900种，以及多种年鉴、专著和资料汇编，等等，为擦亮北京这张"金名片"做了可贵的基础性贡献。但是这些著述，大多是服务于专业单位、党政领导部门和教学科研人员。如何使其承载的知识进一步普及化、大众化,出版面向更大范围的群众的读物,是当前急需弥补的弱项。为此我们启动了《京华通览》系列丛书的编写,采取简约、通俗、方便阅读的方法,从有关北京历史文化的大量书籍资料中,特别是卷帙浩繁的地方志书中,精选当前广大群众需要的知识,尽可能满足北京人以及关注北京的国内外朋友进一步了解北京的历史与现状、性质与功能、特点与亮点的需求,以达到"知北京、爱北京,合力共建美好北京"的目的。

这套丛书的内容紧紧围绕北京是全国的政治、文化、国际交往和科技创新四个中心,涵盖北京的自然环境、经济、政治、文化、社会等各方面的知识,但重点是北京的深厚灿烂的文化。突出安排了"历史文化名城""西山永定河文化带""大运河文化带""长城文化带"四个系列内容。资料大部分是取自新编北京志并进行压缩、修订、补充、改编。也有从已出版的北京历史文化读物中优选改编和针对一些重要内容弥补缺失而专门组织的创作。作品的作者大多是在北京志书编纂中捉刀实干的骨干人物和在北京史志领域著述颇丰的知名专家。尹钧科、谭烈飞、吴文涛、张宝章、郗志群、姚安、马建农、王之鸿等,都有作品奉献。从这个意义上说,这套丛书中,不少作品也可称"大家小书"。

总之,擦亮北京"金名片",就是使蕴藏于文明古都丰富多彩的优秀历史文化活起来,充满时代精神和首都特色的社会主义创新文化强起来,进一步展现其真善美,释放其精气神,提高其含金量。

2017 年 11 月

目录

CONTENTS

北京的原始人群和原始聚落	北京的原始人群 / 2
	北京的原始聚落 / 3
	文献记载中的幽州、幽都和幽陵 / 5
夏商周时期的燕地居民及燕都蓟城	夏商时期的燕地居民 / 7
	西周、春秋时期的燕蓟古城 / 8
	战国时期燕都蓟城的兴盛与衰落 / 12
	燕都蓟城地区的经济 / 14
秦汉时期的燕地蓟城	秦统一后的燕地蓟城 / 18
	西汉时期的燕地蓟城 / 20

东汉时期的幽州蓟城 / 22

幽州蓟城的社会经济 / 24

魏晋十六国北朝时期的幽州蓟城

魏晋时期的幽州蓟城 / 28

十六国时期幽蓟地区的形势和变化 / 30

北朝时期的幽州蓟城 / 33

隋唐五代时期的幽州

隋唐时期幽州的政治、军事 / 38

隋唐时期幽州的社会、经济、文化 / 42

五代时期幽州的形势和变化 / 50

辽代的南京（燕京）

契丹攻取幽燕及辽南京的建立 / 53

中原政权攻打燕京及辽宋和战 / 59

燕京地区的经济发展 / 61

辽燕京的文化 / 67

金代的中都

金初占领下的燕京和北宋燕山府 / 71

金代中都的建立与终结 / 73

中都城的扩建与规制 / 77

金中都的经济发展 / 81

金中都的文教、科技及宗教 / 85

元代的大都

蒙古攻占中都及其对燕京的统治 / 91

	元大都的政治生活 / 95
	大都地区的经济状况 / 98
	大都地区的文化发展 / 101
	大都的宗教与民俗 / 105
明代的北京	明代北京的沿革及演进 / 108
	明代北京的城市建设及管理 / 111
	明代北京的经济 / 120
	明代北京文化及其设施 / 126
清代的京师（1644—1840）	清朝定都北京及其政略 / 132
	京师城市经济 / 137
	京师农村经济 / 141
	京师文化 / 146
	京师城市管理 / 151
	京师的园林 / 154
晚清的京师（1840—1911）	动荡的京师 / 157
	封建政体走向变革 / 161
	缓变中的京师经济 / 165
	京师的城市建设 / 171
	京师文化事业及革新 / 177
	晚清京师的社会阶层 / 183

民国时期的京都和北平

民国时期的京都 / 186

民国中后期的北平市 / 191

北平行政体制 / 198

北平城市规划与建设 / 201

北平的交通与城市经济 / 205

北平教科文卫及宗教 / 213

后　记 / 221

北京的原始人群和原始聚落

北京的原始人群

1929年12月,在周口店龙骨山北坡洞穴中,发现了第一个完整的"北京人"头盖骨化石。此后至20世纪60年代中期,总共发现"北京人"化石有:头盖骨6个,牙齿157颗,体骨40余件。还发现了近10万件石制品、骨角器和用火遗迹,以及近100种哺乳动物化石。"北京人"生活的时代,属于旧石器时代早期,距今70万年至20万年,在世界各地发现的同一阶段古人类材料中,"北京人"的材料是最丰富、最系统也是最重要的。

继"北京人"之后,活动在今北京地区的原始人类是"新洞人",属于旧石器时代中期,距今20万年至10万年。1930年,在周口店龙骨山的山顶洞穴发现不同年龄的8个至10个男女老幼个体的23件人类化石材料,被命名为"山顶洞人"。属于旧石器时代晚期,距今约2.7万年。

"北京人""新洞人""山顶洞人"反映了人类发展的直立人、早期智人(又称新人)、晚期智人3个相互衔接的阶段。

山顶洞人复原像

北京的原始聚落

北京地区最初的墓葬与原始聚落产生于新石器时代。根据考古工作者的发现和研究，这一时代自距今1万年左右开始，至距今4000年为止，历时约6000年。北京新石器文化遗址的发现和发掘，始于1949年新中国成立之后。经过考古工作者多年来的努力，在朝阳、海淀、门头沟、房山、昌平、顺义、平谷、通州、密云、怀柔、延庆等区，都有新石器时代的遗址存在或遗物出土。分布的范围自西南部的拒马河流域，到北部、东北部的白河、错河和泃河流域，共有40余处地点，几乎遍布京郊大地。

1966年4月，在门头沟区军响乡东胡林村西侧的清水河畔黄土台地，发现"东胡林人"墓葬，墓葬距今约1万年，说明北京的古人类开始离开山洞，移居到山麓坡地和河岸台地上生活，这在人类进化史上是一个重大的转变。

1967年，在怀柔区宝山镇转年村西的白河二级阶地上，又发现一处人类活动遗址，在20世纪90年代中期的发掘中，出土文化遗物18 000余件。测出的年代数据亦接近于距今1万年，与"东胡林人"同属于新石器时代早期。

1984年，在平谷区城关东北17公里处的上宅村北一块台地，发现新石器时代中期的文化遗址，距今7500年至6000年，其

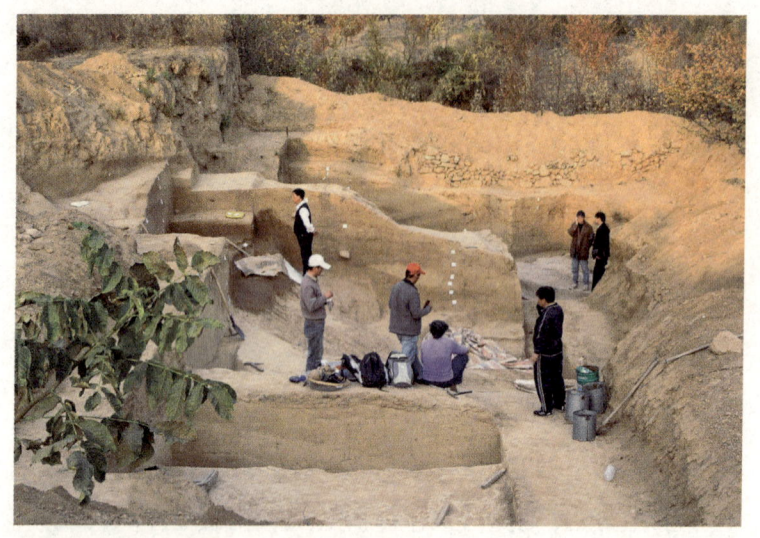

东胡林人遗址

间经历了1000年以上。至1987年底，在平谷区城关西北7.5公里处的北埝头村西二级阶地，发现10座新石器时代的半地穴式居住遗址，以及陶器和石器等。

1986年，在房山区南尚乐乡镇江营村北的台地发现一座新石器时代的灰坑。其年代早于距今6000多年的安阳后岗一期文化。

1960年，在昌平区城关西雪山村发现人类文化活动遗址，1982年至1983年春发掘。有灰坑9座，出土陶器大部分是带双耳的罐，还有钵、壶、盆、豆和纺轮等，以及磨制为主的各种石器。二期遗存有半地穴式房址地基3座、灰沟1条,还有各种陶器、石器和小件工艺品。雪山遗址的年代，一期遗存距今约5000年，二期遗存距今约4000年，属于新石器时代的晚期。

文献记载中的幽州、幽都和幽陵

幽都、幽陵为北方地名，大多认为即是指幽州。有一种流传比较广的说法，是把中国历史传说时代相沿下来的这些名称，特别是幽州，看作是北京及其周围地区最早的古名。在中国历史上，"幽州"作为建置的地名，始于汉武帝时期。在此以前，中国地方建置并没有"州"这一级。西汉元封五年（前106），武帝在全国初置13州，设刺史监察郡国，幽州名列其中，这是幽州在今北京地区作为正式建置名称的开始。"幽都"作为中国历史上的地方建置名称，大约在唐代中叶。唐德宗建中二年（781）始设幽都县，其地在今京郊顺义区西北，这是幽都作为建置地名的开始。幽州、幽都和幽陵，在中国历史传说或神话时代虽然不能确指其地，但是世代相传到现实建置地名的确立，大体上都在今北京地区及其周围一带。因此，从文献资料考察，北京地区的人类活动，也可以追溯到中国历史传说以至于古代神话时代。

夏商周时期的燕地居民及燕都蓟城

夏商时期的燕地居民

考古材料与历史传说 考古材料主要是昌平区雪山三期文化,以及房山区的塔照村、镇江营、西营和刘李店,平谷区刘家河,密云县的燕落寨和凤凰山等地的墓葬、灰坑遗迹和出土器物。一般认为,是属于夏家店下层文化范畴。

自然生长的北方小国 根据出土甲骨文和历史文献记载,夏商时期在今北京地区及其附近存在一些小国和部族,其中即有古代的燕国,位于今北京市辖区范围。古燕国建于何时,现在难以详考,但有的历史学家认为,它是在奴隶社会由部族"自然生长的国家"。

《左传·昭公九年》记载,周天子派詹桓伯对晋国说明周初疆界时曾道:"肃慎、燕、亳,吾北土也。吾何迩封之有?"这些地点既是地名又是国名,有的学者认为,"燕亳"实为一个族(国)名,即指古代北方的燕地或燕国。燕国的"燕"字,在最早的甲骨文中写作"妟"。甲骨文中的"妟"字是方国的名称,也就是文献中提到的在西周以前的古燕国。古燕国和商王朝联系密切,甲骨文中常见有"妟来"的卜辞。所谓"妟来",即指妟国人到商王朝来。甲骨文中有卜辞曰:"贞,妟乎取白马氐。"这表明妟国地区产白马,并作为向商王朝的贡物。

夏商时期北京地区的经济　夏商时期居住在今北京的人们，过的是以农耕为主的定居生活。在平谷区商代居住遗址，出土了大量陶片、少量石器和兽骨，表明当时人们定居的生活状况，而定居又同农业生产密切相关。在其他遗址也发现有石刀和石镰，在房山区镇江营还发现了用于挖土的鹿角镢等农耕器具。夏商时期北京地区的手工制品种类繁多，主要有石器、陶器、金器和青铜器等，这些器物在考古发掘中都有实物出土。在这个时期的墓葬中，最重要的是出土了大量的青铜器。特别是平谷区刘家河墓葬出土的成套青铜礼器，计有小方鼎、弦纹鼎、兽面纹鼎和鬲、甗、爵、卣、罍、瓿、盉等16件，铁刃铜钺的发现，说明早在3000多年以前，北京地区的古代居民对铁的性质已经有了初步认识。出土文物中，还发现有特色的装饰品。如铜耳环、铜指环、金耳环、金臂钏和金发笄，以及玉斧、玉柄、玉璜和绿松石珠等，反映出当时北京地区的手工业生产，已达到相当高水平。

西周、春秋时期的燕蓟古城

周初分封与燕国建立　公元前11世纪，周武王灭商，建立西周王朝。为了巩固新生政权的统治，防止商殷旧势力的反叛，周天子将自己的子弟、亲戚、功臣，以及先王圣贤的后裔分封到各地建邦立国，作为拱卫周王室的屏藩。这批受封的诸侯，降服或灭掉了商末的许多小国，建立起一批听命于周王室的比较大的诸侯国。

《礼记·乐记》记载："武王克殷反商，未及下车，而封黄帝之后于蓟。"《史记·燕召公世家》载："周武王之灭纣，封召公于北燕。"《史记·周本纪》亦载："武王追思先圣王，乃褒封……帝尧之后于蓟……封召公奭于燕。"从而将北京确立城市建置的开始，追溯到3000多年以前、武王灭商、封燕蓟的时间。北京市于1995年纪念建城3040年，选定的是公元前1045年。同时，燕与蓟也被看作是北京历史上最早出现的正式城市名称。

燕国的始封地　周初"封召公于北燕"，其地在今何处，由于史料不足和记载差异，在学术界长期存在着不同的看法。直到1962年，对房山区琉璃河西周遗址陆续发掘之后，大家才认为，这里就是周初燕国的始封地，也即最初燕国都邑的所在地。这处遗址位于北京城区西南43公里处的琉璃河地区北部，在其中的居住遗址，发现有房基、窖穴、陶窑以及陶器、骨器、蚌器和石器等。古城址埋于遗址中部的地下，钻探得知北城墙地下墙体保存较好，全长约829米，东、西两面城墙的北半段在地下尚存有约300米，城南部由于大石河泛滥已形成洼地。城墙用夯土版筑，墙基宽10米左右。城的结构有主墙、内附墙和城外平台，环城有护城壕沟。古城的营建年代，最迟不会晚于周初，为考古界所认同。考古专家在这里发掘、清理了300多座墓葬，出土各种质料的随葬器物万件以上。有众多的西周青铜器带有"匽侯"的铭文，所谓"匽侯"即"燕侯"，即指西周王朝分封在这里的燕国国君。

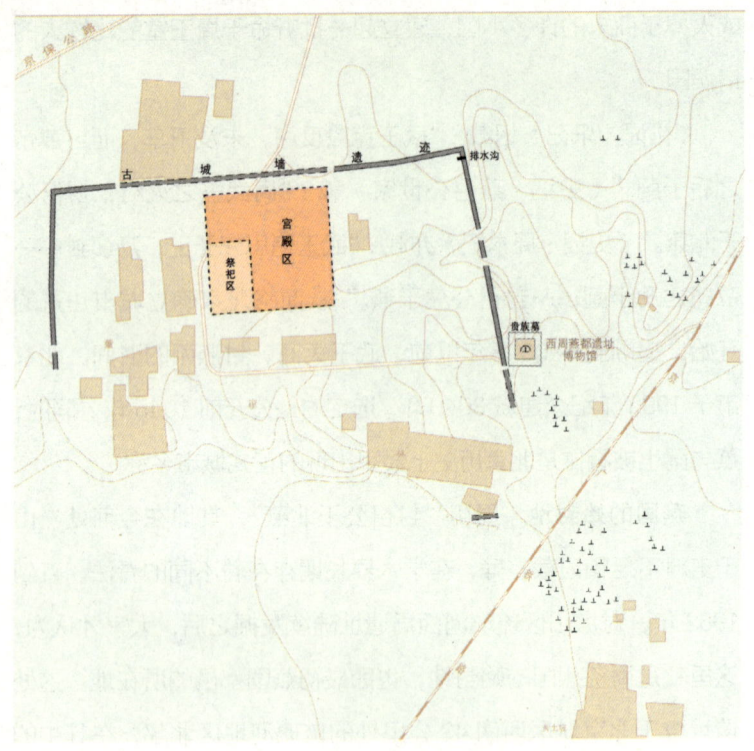

琉璃河西周燕都遗址

其中1986年秋冬之际发掘的1193号大墓，清理、出土了铜罍和铜盉。这两件礼器各有相同的长篇铭文43字，记述周王褒扬太保（召公奭），并册封燕侯和授民、授疆土的重要内容，为封燕的史实找到了可靠的证据。

燕都迁徙与蓟城方位　燕与蓟本来都是西周初年周武王所立的两个北方封国。燕国的始封地，由于琉璃河西周遗址的发现与发掘得到了印证和说明，而蓟国的最初情况却一直模糊不清。据《战国策·燕策一》所记，燕都蓟城的方位在易水以北，文中提到秦国伐燕时说,"渡乎沱、涉易水,不四五日"即可到达蓟城,表明两地相距有四五日路程。蓟城的位置,可以说大约在今北京城区的西南部。根据史料记载和考古推测,可能在西周中、晚期之际,燕国吞并蓟国,又把都城迁到蓟城之后,原来的燕都也就逐渐废弃了。1949年以来,考古工作者在北京城区西南部,不断发现古代瓦井,分布最密集的地方是宣武门至和平门一带。同时,在瓦井分布的范围内,屡次发现有制作精美华丽的饕餮纹半瓦当,以及战国墓葬。经专家鉴定,这些瓦井的年代,大约从东周开始延续到西汉以后。有的瓦井中还带有文字,这些文字又都是典型的燕国陶文。从瓦井分布的密集情况看出,这个地区的居民是比较稠密的。制作精美的饕餮纹半瓦当,表明是用于宫殿建筑的构件。带有典型燕国陶文文字的瓦井,也都说明了这里是燕国治理下的地方。这个地区可能是战国时期的燕都蓟城的所在地。

燕、蓟的社会经济文化状况　　燕都蓟城地处华北大平原的北端,河流交错,土地平整,是一片适合农业发展的沃野良田。自商代以至西周初年,这里定居的人们开垦了广大的土地,种植黍、粟等谷类作物。从房山区刘李店、董家林出土了商周时期的石杵、石镰等农具及青铜礼器中的酒具,可推断当时农业生产已发展到一定水平。手工业门类很多,除陶器、石器以外,比较突出的有玉器、漆器、青铜器等。著名的青铜器"堇鼎",器高62厘米,口径48厘米,重41.5公斤,是目前北京地区发现的商周青铜礼器中最大的一件。此鼎三足、圆腹、双耳,体态浑厚凝重,纹饰庄严古朴,器内壁刻有26字铭文。"伯矩鬲",通高32.5厘米,

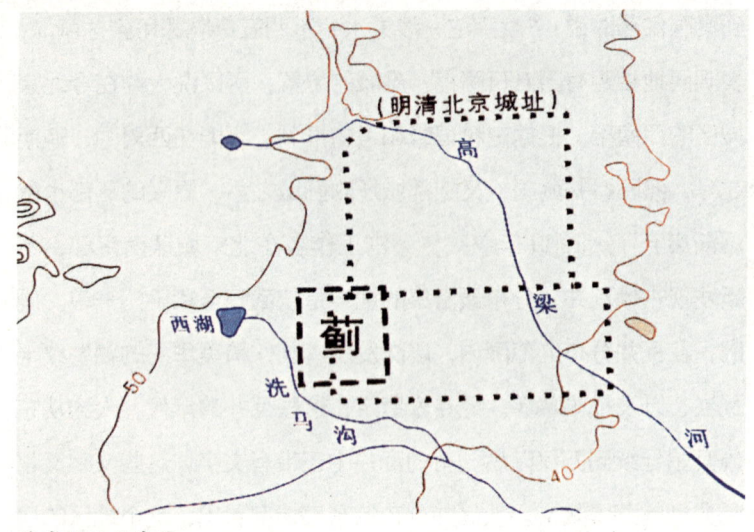

蓟城位置示意图

口径 21 厘米，器铸铭文，器身、器足、器盖和器纽均以牛头纹作为装饰。在雕刻艺术上有浮雕也有立体雕，整个器物严森精美，完整和谐，显示着高超的艺术水平。春秋时期，燕都蓟城一带是各族杂居的地区，东有孤竹，东北有肃慎，北有山戎。各族人民在这里长期杂居相处，交流文化，推进了民族融合的步伐。

战国时期燕都蓟城的兴盛与衰落

燕国的强盛 战国中期，正当各国间斗争激烈的时候，燕国却发生了历史上著名的"燕王哙让子之"事件，即燕王哙废掉太子平，禅位于国相子之，从而导致太子平和将军市被不满，由此引发内乱。"构难数月，死者数万，众人恫恐，百姓离志。"(《史记·燕召公世家》)使燕国经济受到严重破坏。齐与中山等国趁机发动进攻燕国的战争。齐军在燕国"士卒不战、城门不闭"的情况下，仅"五旬而举之"。齐军进入燕国国都，占领燕国。中山国趁机在燕开启封疆，掠城占地。齐军在燕占领3年之久，给燕国人民带来极大灾难，军民纷纷起来反抗齐国的占领。各诸侯国从各自的利益出发，也谴责齐军的暴行，并组织起来"伐齐救燕"。公元前312年，齐军被迫撤出燕国，中山国受到燕国军民的猛烈打击，又受到赵国的威胁，也被迫撤出燕国。同年，燕昭王即位，招贤纳士，与百姓同甘苦。经过28年努力，"燕国殷富，士卒乐佚轻战"(《战国策·燕策一》)。

燕昭王二十八年（前284），燕、秦、楚、赵、韩、魏六国合纵攻齐。燕派乐毅为上将军，统率六国之兵，与齐军战于济西，齐军大败。这时"诸侯皆罢兵"，唯乐毅乘胜前进，长驱直入，攻占了齐都临淄，又分几路攻占齐国70余城。齐国只剩下莒、即墨未被燕军攻下，齐潛王逃到莒（今山东莒县）。燕国疆域空前扩大，据《战国策·燕策一》载："燕东有朝鲜、辽东，北有林胡、楼烦，西有云中、九原，南有呼沱、易水。地方二千余里，带甲数十万，车七百乘，骑六千匹，粟支十年。南有碣石、雁门之饶，北有枣栗之利，民虽不由田作，枣栗之实，足食于民矣。此所谓天府也。"燕国为了南防齐、赵，北防戎狄，还修建了长城。燕国统治者为了加强对南部疆域的统治力量，昭王时在今河北易县营建了下都。燕下都不仅地理位置重要，也是当时规模宏大的一座城市。燕下都和蓟城，在政治、经济上联结为一个统一的、不可分割的整体。

燕国的衰落与秦灭燕　燕昭王于燕昭王三十三年（前279）病逝。公元前278年，齐国的田单用"火牛阵"攻打燕军，燕军大败，各地人民也纷纷起来响应，配合田单打击燕军，齐国军队把燕军全部驱逐出境。自此，燕国逐渐走向衰落。燕王喜二十八年（前227），秦攻燕，兵临易水。燕太子丹患秦兵逼境，在军事上无力阻止秦的进攻，派荆轲携督亢地图与秦将樊於期之首，刺杀秦王。结果，刺杀未遂，荆轲死，秦王大怒，立即攻燕，燕王喜二十九年（前226），蓟城陷落。公元前222年，燕亡。

燕都蓟城地区的经济

农业经济　战国时期，燕地的农业经济占有重要地位，督亢地区号称"膏腴"之地。燕蓟地区的鱼盐蚕桑、枣栗之实也很有名。农作物种类繁多，家庭饲养业也比较发达。燕国的农业生产发展到战国时期，突出的表现是铁制农业生产工具的出现。目前出土的燕国铁制农具种类很多，有犁、镬、锄、镰、铲、锸、五齿耙、三齿镐和二齿镐以及砍伐用的铁斧等。燕下都遗址还出土了"V"字形犁。这种铁口犁虽很原始，但据此推断，当时在农业耕作技术上可能已采用了牛耕。牛耕的使用和推广，比起人力的"耦耕"来，是重要的技术改革，大大促进了农业生产。

手工业 冶铁技术的发明和铁器的使用，对北京历史的发展起了重要作用。北京地区使用铁的历史比较早，大约在商代就已经出现了使用铁的现象。在燕下都发现的冶铁遗址计有3处，均在燕下都宫殿遗址的西边，可能是当时官营的冶铁作坊。这里出土的铁器种类很多，包括生产工具、兵器、生活用具和装饰品等。如：斧、锛、凿、刀、削、锥、钻；还有犁、镬、锸、耙、锄、镰，以及剑、戟、矛、镞、甲胄、匕首；鼎、盘、盆、杯、带钩等。科技史专家对燕下都出土的几件兵器进行金相考察分析认为，北京地区在大约公元前3世纪初叶，就掌握了将铁块增碳制造高碳钢的技术，掌握了淬火技术。从生产方面考察，铁器的应用大大提高了社会生产力。1959年至1960年，在怀柔区北发现的几十座战国时期的墓葬中，除发现陶制仿青铜礼器外，还出土了青铜礼器。延庆区古城村出土的铜凿，西城区出土的铜镣、铜勺，陶然亭出土的铜剑等，其精致的纹饰、复杂的工艺，说明燕国在青铜制造方面有很高的水平。蓟城和燕下都均发现了战国时燕国的金银器。在延庆区古城村战国墓中出土了金发钗，丰台区贾家花园战国墓出土了铲金漆器铜扣等，在燕下都也发现了大量的错金、错银等器物，反映当时金银器的制造水平已经比较高了。

商品与货币 商品经济的发展，是在农业、手工业等生产行业基础上发展起来的。古代最早的产品交换方法是以物易物的形式，后来进一步发展出现了作为交换媒介物的货币。战国时期，燕地商业相当活跃，燕都蓟城是一座重要的商业城市。燕都蓟城不仅是联结辽西、辽东、右北平、上谷等郡以及联结下都的中心，也是同周围的诸侯国齐、中山、三晋、代以及东北甚至朝鲜、日本的联结中心。《史记·货殖列传》云："夫燕亦勃、碣之间一都会也。"《盐铁论》云："燕之涿、蓟，富冠海内，为天下名都。"随着商品经济的发展，金属货币的铸造和流通也很广泛，货币成为衡量财富和储存财富的一种重要手段。在今北京地区出土的战国时期窖藏货币就反映了当时货币的发展情况。当时燕国使用的货币主要是"燕明刀"，朝阳门外呼家楼一次就出土窖藏"燕明刀"货币2700余枚。其他距今北京较远的地方，如内蒙古、吉林、辽宁、河北、河南直到朝鲜南部和韩国北部以至日本等地，都有燕国货币出土，表明燕国商品经济的发展影响到很远的地方。

秦汉时期的燕地蓟城

秦统一后的燕地蓟城

秦王政（始皇帝）十七年（前230）至二十六年（前221），秦建立起专制主义的中央集权的统一国家。蓟城（今北京城区西南部）也从过去诸侯国的领地中心，转变为这个统一国家的东北军事重镇和交通、贸易枢纽。

秦在原燕都蓟城附近置广阳郡，治所蓟城（另一说，将蓟城及其附近地区合并于上谷郡）。广阳郡以北，基本上沿袭原燕国旧置，即沿长城一线，自西而东，设置上谷（治沮阳，今河北怀来大古城）、渔阳（治渔阳，今北京怀柔梨园庄）、右北平（治无终，今天津蓟县）、辽西（治阳乐，今辽宁义县西）、辽东（治襄平，今辽宁辽阳境）五郡。

秦灭燕、赵之后，拆除了原来燕国南部的易水长城，打开了蓟城南达恒山（治今河北石家庄东）、邯郸（今属河北）的通路。经邯郸往南，过邺县（今河北临漳西南），折西南行至三川郡（治今河南洛阳），入函谷关（今河南灵宝东北），往西即可抵达咸阳。蓟城的主要交通路线，除这条道路外，往东有延伸到无终、碣石（今河北昌黎北）、襄平的道路；往北有过军都县（今昌平西南），出居庸关，经平城（今山西大同东）到九原的道路。平城往南，经太原郡（治今山西太原西南）和河东郡（今山西夏县西北），过临晋关（今陕西大荔东），西南行亦可达咸阳。由九原郡西南行，循子午岭南下，经云阳（今陕西淳化北），折东南行，有直道抵咸阳，构成了以咸阳为中心的北部边区的交通网。蓟城正当华北平原通向华北北部、东北、西北地区的要冲，起着相互联结的枢纽作用。秦始皇从下令修驰道到死前的10年中，曾先后5次沿着驰道巡视全国各地。秦始皇三十二年（前215）第四次出巡来到燕蓟地区，并在碣石的刻石中谴责诸侯割据分裂，颂扬全国统一，宣传秦王朝的政策，以振皇帝声威。

秦始皇三十四年（前213），为了北防匈奴犯边，征发大量劳役、刑徒，修筑长城。将原来秦、赵、燕三国在北部边塞所筑的旧长城连接起来，西起临洮，东至辽东，延袤万余里，这就是举世闻名的万里长城。蓟城以北上谷、渔阳等郡内原有的城防要塞，也调动大量人力、物力进行修补和改建，人民承受着沉重的负担。长城表现出我国古代劳动人民空前未有的创造力，但也给当时的广大群众带来了莫大的灾难。

秦二世元年（前209）七月，发闾左贫弱900人戍渔阳，路经蕲县大泽乡（今安徽宿州市东南），遇天大雨，延误行程。按秦法，失期者要斩首。这些被征戍农民在陈胜、吴广领导下，发动了反秦暴政的起义。原燕地贵族、富豪恢复燕国，自立为燕王，仍都蓟城。刘邦立国号汉，都洛阳，旋定都长安。刘邦立卢绾为燕王，统治原燕国地区，仍都蓟城。

西汉时期的燕地蓟城

西汉（包括王莽和更始帝）一代总计231年中，蓟城四度为诸侯王国都计198年，四度为郡治首府计33年。据《汉书·地理志》记载，西汉末平帝元始二年（2），今北京地区属幽州牧统监，分隶于5个郡国。原来秦代蓟城及其北部为广阳国，其南部分置为涿郡；北部地区的上谷、渔阳、右北平三郡，仍沿秦代旧置。广阳国，都蓟。领4个县，其中3个县在今北京境内，为蓟、广阳、阴乡（王莽称阴顺）。

涿郡，汉高祖六年（前201）置，治涿。王莽称垣翰，领29个县，其中2个县在今北京境内，为良乡（侯国，王莽称广阳）、西乡（侯国，王莽称移风）。上谷郡，治沮阳，王莽称朔调，领15个县，其中四县在今北京境内，为军都、居庸、夷舆（王莽称朔调亭）、昌平（王莽称长昌）。渔阳郡，治渔阳，王莽称通路，领12个县，其中7个县在今北京境内，为渔阳（王莽称得渔）、狐奴（王莽称举符）、路（王莽称通路亭）、平谷、安乐、犀奚（王莽称敦德）、犷平（王莽称平犷）。右北平郡，治平刚，王莽称北顺，领16个县，仅无终县之西部在今北京境内。

西汉时，燕地蓟城长期封立王国，建有城门，各门皆筑城楼。王宫有宫城，宫城也筑有城楼。宫城中有朝宫，曰"万载宫"；

有朝殿，曰"明光殿"；有池沼，有永巷，有端门，有井灶，等等。蓟城内辟里市，驻屯着车骑、材官等部队，设有铸造兵甲的工场，等等。今北京丰台区大葆台西汉燕王（广阳王）墓虽经盗掘，但残留文物尚有400余件，可见当时的豪华之状。武帝以后，西汉地主阶级中的豪强势力逐渐增长，燕蓟地区的土地兼并与贫富分化日益严重。

西汉初，大城名都居民散亡，户口可得数者只有十分之二三。楚汉相争之际，战火连年，后经多年休养生息和恢复发展，经西汉200余年，至平帝时，全国人口达5900万以上，约为过去的3倍。蓟城所有的广阳国，领4个县20 740户70 658人，每县平均5185户，每户平均3.4人。广阳国4县占地2700余平方公里，每平方公里平均26.2人。同幽州统部各郡人口密度比较，广阳国低于涿郡（每平方公里为48.9人）、勃海郡（每平方公里为39.8人），但高于其他各郡（每平方公里不足10人或5人）。较之全国人口密度最大的平原、济阴、颍川诸郡则仅及其十分之一二，甚至尚不足此数。司马迁在《史记·货殖列传》中称，"上谷至辽东，地踔远，人民稀"。班固在《汉书·地理志》中也说，这里"地广民稀"。随着西汉中期社会经济的繁荣发展和铁制农具在生产中的广泛应用，蓟城附近的农业也有一定的发展。农业生产中用的犁、铧、钁头、锄、铲、镰刀等铁制新农具，在这里都已推广。西汉时期农耕作业新发明的耧播技术，在这里也已掌握。今北京昌平清河镇朱房村出土过铁耧足，在清河还发现有汉故城的冶铁遗址，出土多种铁制农具。蓟城一带在农业、手工业和日常生活中，均广泛使用铁器，冶铁技术已相当进步，并不亚于中原、吴楚等地。铜器日用品的制作也很精致，工艺水平较高。汉朝廷在渔阳郡的泉州曾设盐官。至于制陶业和纺织业，则更为普遍。

东汉时期的幽州蓟城

东汉王朝建立之后，大体沿袭西汉制度。今北京地区，更始二年（24）隶属于幽州范围，州牧驻在蓟城。东汉建武二年（26）四月，光武帝刘秀封其叔父刘良为广阳王，复广阳国，亦以蓟为都。刘良未就国，于建武五年（29）三月，徙为赵王。次年六月，光武帝为集中皇帝权力，加强对地方控制，诏令全国裁撤冗员，省减郡县。幽州诸郡国所辖县邑合并70余所。建武十三年（37），省广阳并入上谷，又以并州的代郡划归幽州。过60年，至和帝永元八年（96）九月，复分置广阳郡。原广阳郡所属4县，除广阳县依旧置外，省阴乡入蓟，入方城属涿郡，以上谷郡的昌平、军都和勃海郡的安次来属。幽州刺史与广阳郡同治蓟城。献帝初平二年（191），蓟城又成为公孙瓒受封的侯国。

据《后汉书·郡国志五》记载，顺帝永和五年（140）的政区情况是：幽州刺史部统辖11个郡国，90个县。其中有5个郡的14个县在今北京境内。广阳郡，治蓟，领5个县，其中4个县在今北京境内，为蓟、广阳、昌平、军都。涿县，治涿，领7个县，仅良乡一县在今北京境内。上谷郡，治沮阳，领8个县，仅居庸一县在今北京境内。渔阳郡，治渔阳，领9个县，其中7个县在今北京境内，为渔阳、狐奴、潞、平谷、安乐、傂奚、犷平。右北平郡，治土垠，领4个县，仅无终县西部在今北京境内。

刘秀经营河北，主要依靠上谷、渔阳两郡突骑，为夺取天下、建立东汉王朝奠定了初步基础。蓟城地处两郡之间，历来为兵家必争的北方重镇。建武二年（26）二月春，正当光武帝刘秀进军河内，忙于统一中原、镇压诸部农民军时，渔阳太守彭宠反。彭宠自将兵2万余人，围攻幽州牧朱浮于蓟城，并分兵攻略广阳、上谷、右北平等地，直接威胁着刚诞生的东汉政权。建武四年（28）五月，光武帝亲赴元氏、卢奴（今河北定县）督战。平息了长达3年之久的燕蓟叛乱，稳定了北部边地。建武十五年（39），张堪任渔阳太守，"捕击奸猾，赏罚必信"，吏民乐为所用（《后汉书·张堪传》）。张堪兴修水利，开辟稻田，倡导农耕，注重武备。匈奴尝以万骑入扰渔阳，张堪率数千骑奔击，大破之，郡界得以安定。张堪在职8年，匈奴不敢犯塞。今北京顺义区前鲁各庄曾有一座张堪庙。

东汉后期政治黑暗，外戚与宦官擅权，豪强与军阀混战，统治者竞相聚敛财富，农民被逼得四处流亡。灵帝时，张角发动起义，时人称之为"黄巾"军。旬日之间，天下响应，幽州刺史郭勋及广阳太守刘卫，也被广阳蓟城一带的黄巾军捕杀。

幽州蓟城的社会经济

东汉初年，人口锐减，据《后汉书·郡国志》注引伏无忌所记，光武帝中元二年（57），全国人口仅 2100 万有余，历明帝、章帝两朝，社会比较稳定，农业连年丰收，人口恢复、发展较快，至和帝元兴元年（105）已达 5300 多万人。后虽减损，复有回升，但终未能达到西汉人口的极盛时期。当时全国耕地 7 亿 3200 多万亩，每人平均占有耕地 13 亩 7 分。幽州地区的情况同全国大体相近，唯广阳郡的人口、土地面积有迅速增长和扩大。广阳郡 5 县计有 44 550 户 280 600 人，每县平均 8910 户，每户平均 6.3 人。蓟、广阳、昌平、军都、安次五县，在西汉元始二年（2）时共有 121 426 人，至东汉时已达 159 174 人，相当于原来的 1.3 倍。广阳郡所属 5 县占地 3600 平方公里，平均每平方公里 77.9 人。这样的人口密度，不仅在幽州所辖诸郡国中居最高位（涿郡每平方公里为 64 人，渔阳郡为 11.5 人，其他更低），而且在全国 105 个郡国中，亦居于前 20 位。广阳蓟城一带人口繁衍，劳动力相应迅速增加，为生产的恢复和发展提供了重要条件。

东汉时的农业生产，铁制农具和牛耕技术已广泛使用，并注意到水利的开发。张堪任渔阳太守，在狐奴县（今北京顺义北小营狐奴山前一带）利用沽水（今白河）和鲍丘水（今潮河）流经境内，开稻田8000余顷，普植桑麻，民以致富。广阳、蓟城、渔阳、涿县等地，临近城郭的耕地多种麦，粟、黍等谷类也都是传统农作物。这里的枣、栗从来就很繁盛，有些人即以枣、栗、桑葚作为口粮。蓟城西部、北部的广大丘陵山地，如大防山、军都山等，仍保持着原始生态面貌，林木、矿藏均较丰富。蓟、涿一带畜牧业很发达，素以产马著称，猪、羊、鸡、鸭亦多饲养。有的人以贩马为业，成为积聚千金的大富商、大豪绅。当时缘边少数民族内附，有的即以成群的马、牛、羊、骆驼带进幽州蓟城。上谷、渔阳的骑兵勇猛精壮，也同这里可供选用的军马充足有关。冶铸、制陶等手工业都有进一步发展。渔阳郡的渔阳（今北京怀柔）和涿郡的故安（今河北易县东南）二县仍置铁官。蓟城东南的泉州（今天津武清西）自西汉以来即盛行煮盐，东汉时又置铁官，主开山鼓铸。冶铸技术的改进和铁器使用的普遍推广，逐步实现了生产工具的铁器化。东汉时的制陶工业进入一个新的发展阶段，蓟城制作的绿釉陶器和彩绘陶器都达到相当高的水平。今北京南苑三台山、顺义区临河、怀柔区城北、平谷区西柏店和唐庄子等地，出土许多技艺高超、制作精巧的陶器。蓟城附近的商业相当发达，聚集了许多大富商，依然是中原、华北与东北各民族间贸易交往的中心。东汉时，乌桓和鲜卑逐渐南移，不少人迁徙到长城以内居住，各民族间的贸易交往更加频繁。由于缘边军事上的需要，在幽州北部地区曾开山通路，治水凿渠。《后汉书·王霸传》说，建武十三年（37），王霸与杜茂治飞狐道，"堆石布土，筑起亭障，自代至平城三百余里"。次年，马成代换杜茂，继续"缮治障塞，自西河至渭桥，河上至安邑，太原至井陉，中山至邺，皆筑堡壁，起烽燧，十里一堠"。《后汉书·马成传》又曾依王霸建议，利用湿余水（今温榆河）漕运，排除陆地运输的困难。建安十一年（206），曹操将击乌桓，凿平虏渠、泉州渠，以通水运。平虏渠，自呼沱入泒水；泉州渠，从洵河口，凿入潞河。

东汉时期为加强思想统治，愈益尊崇儒学，提倡谶纬神学。蓟、涿一带经济发展迅速，官学和私学皆很普遍，出现了不少文化、学术上的著名人物。

魏晋十六国北朝时期的幽州蓟城

魏晋时期的幽州蓟城

政治状况与民族关系 三国曹魏（220—265），历五帝，计46年，今北京地区属幽州。根据景元三年（262）记载，幽州统12个郡国，在今北京附近地区有4个郡国，24个县。其中9个县在今北京境内，即：蓟、广阳、昌平、军都、良乡、居庸、潞、安乐、圹平。蓟城仍为幽州和蓟县的治所。

魏元帝咸熙二年（265）十二月，司马炎逼魏主禅位，自立，国号晋，建元泰始，是为晋武帝，史称西晋。西晋（265—316）历四帝，计52年。初年，幽州区域与汉、魏大体相同。武帝泰始十年（274）二月，分幽州东北五郡，置平州。故西晋时幽州统郡国七，初治涿，后改治蓟。在今北京地区的县有：蓟、昌平、军都、广阳、潞、安乐、狐奴、居庸、良乡及长乡北部。

经曹魏至西晋近百年，幽州地区的人口虽有所恢复，但分布不平衡。比较稠密的燕国（后废为郡），平均每县有2000至2900户，其他地区则非常稀薄，一般平均每县只有千余户。幽州蓟城是曹魏政权北部边地的军事重镇，它不仅是中原地区的北边屏障，也是曹魏经营辽东地区的前进基地。曹魏用兵北边，皆以幽州蓟城为其出师之地和事平后劳军之所。西晋初年，北边仍魏之旧，西晋统治者对边务也很重视，不敢掉以轻心。

社会经济与文化教育 在比较稳定的社会环境中，幽州蓟城地区的农田水利得到进一步开发和利用。嘉平二年（250），曹魏镇北将军刘靖在幽州开拓边守，屯据险要。为了解决军需和发展农业，在今北京西郊石景山附近修建戾陵渠大堨，引㶟水（今永定河），沿车箱渠，导入高粱河灌田。史称"水溉灌蓟（城）南北；三更种稻，边民利之"。据《水经注·鲍丘水》引《刘靖碑》记载，戾陵堨坝工程"长岸峻固，直截中流，积石笼以为主堨，高一丈，东西长三十丈，南北广七十余步（一步合六尺）。依北岸立水门（引水口），门广四丈，立水十丈"。工毕后，逢山洪暴发时，洪水可以从堨顶漫过，沿下游河道东去；平时从北水门分引入高粱河以灌溉农田，每年可浇灌 2000 余顷。戾陵堨、车箱渠对古代北京地区植稻业的发展有重要作用。因此，后世曾不断整修，加以利用。魏元帝景元三年（262），遣谒者樊晨赴幽州改造戾陵堰，更制水门，并延伸高粱河水道，自蓟城西北经昌平东，至渔阳潞县（今北京通州），扩大了灌溉面积。竣工后，整个灌区自西至东，凡四五百里，可灌田万余顷，相当嘉平年间修建时的 5 倍，农作物产量也大有增长。随着幽州地区社会经济的恢复和发展，蓟城已成为曹魏北方军事指挥中心。

晋惠帝元康四年（294）二月和八月，上谷地区先后发生两次强烈地震。居庸县地陷裂，广 36 丈，长 84 丈，水泉涌出，死百余人，大饥（《晋书·五行志》《宋书·五行志》及《晋书·惠帝本纪》）。这是北京地区有文献记载的最早的地震记录（《北京地区历史地震资料年表长编》）。翌年（295）六月夏，西山洪水暴出,戾陵大坝被洪水冲毁。时刘靖之子刘弘,为西晋宁朔将军、使持节监幽州诸军事,领护乌丸校尉,出驻幽州。刘弘继承父志,亲临山川,指授规划,一切皆依旧制而行,用3个多月时间恢复了戾陵堨、车箱渠的功能。杂居蓟城附近的乌丸、鲜卑族人民也主动参加了这次修复工程。

幽州地区有较悠久的文化传统,自战国时燕昭王招揽天下游士,历秦汉,至魏晋时亦多如此。东汉末年曹操平定河北,网罗了一批幽州士人,晋代,范阳卢氏家门渐崇,家风渐立,在学术上成为北方学宗。幽州还产生过不少学者名人。如燕国广阳人霍原,聚徒授业,名重一时。晋代著名学者张华也生于幽州,著述甚丰。

十六国时期幽蓟地区的形势和变化

西晋灭亡 愍帝建兴四年(316)十一月,西晋亡。翌年,司马睿在建康(今江苏南京)建立政权,史称东晋。东晋历经百余年(317—420),此时北方诸族纷争,各建方隅,割地而王,幽州蓟城亦成为递嬗频繁的东北、北方少数民族政权南进的前哨阵地。319年(东晋大兴二年),羯族首领石勒在襄国(今河北邢台西南)建立后赵政权,自称赵王。东晋大兴四年(321),幽州遂转入后赵石氏手中。330年(后赵建平元年,东晋咸和五年),

石勒称帝。

后赵占据下的幽州 赵国初建时，拥有包括幽州地区在内的24郡29万户。后迁都邺（今河北临漳西南），分全土为15州。幽州领范阳、燕郡、渔阳、上谷、代五郡。其中范阳郡的良乡及长乡的北部，燕郡的蓟（郡治）、昌平、军都、广阳，渔阳郡的渔阳（郡治）、潞、安乐、狐奴，上谷郡的居庸，计11县在今北京境内。

后赵占据幽、冀地区约30年。石勒还不失为一个比较有作为的君主，灭幽州王浚时曾纵兵暴掠，但同时下令召还流散的百姓回乡，注意稳定秩序，恢复生产。后赵派员巡行州郡，核定户籍，减轻租税。石勒除了在中央设典农都尉，到各地督导农桑外，还采取鼓励措施，推动农业生产的恢复和发展。为了加强襄国和幽州蓟城地区的联系，石勒还大力疏导滹沱河水，架设浮桥，种植成行的榆树达数十里。这虽然是出于军事需要，北防辽西鲜卑慕容部南下，但对于沟通贸易、发展运输都有积极作用。蓟城东南（今天津、黄骅）一带历史上盛产食盐，石勒令部下在此制盐贩易，以充军食。在石勒统治的10余年间，后赵国势逐渐强盛。后赵太宁元年（东晋永和五年，349）正月春，石虎改称皇帝，四月病死。翌年，石虎养孙魏郡人冉闵乘机夺取政权，立国号魏。

前燕建都蓟城 前燕是鲜卑慕容氏建立的政权。352年十一月，慕容儁即皇帝位，改元元玺，正式定都于蓟城，国号大燕，史称前燕。据《太平寰宇记》引《郡国志》记载：蓟城南北九里，东西七里，周长三十二里，开有十个城门。又建太庙，修宫殿，并沿用战国时燕昭王宫殿旧名,称碣石宫。为了不忘创业之艰,慕容儁还下令为坐骑"赭白"铸铜像,置于蓟城东掖门。后世又称蓟城的这座城门为铜马门,附近的居民区为铜马坊,其遗址大约在今北京广安门至右安门一带。前燕光寿元年(东晋升平元年,357)十一月,慕容儁急于南御东晋、西图苻秦而自蓟迁都于邺,蓟城作为前燕国都,共计5年。

慕容儁迁都后,蓟城仍为幽州和燕郡的治所。前燕时,全土分为13州,其中幽州治蓟,统6郡。燕郡领15县,其中蓟、昌平、军都、广阳、潞、安乐、狐奴等7县,在今北京境内。上谷郡,治沮阳,领2县,其中居庸一县在今北京境内。范阳郡,治涿,领8县,其中2县在今北京境内,为良乡及长乡北部。除此之外,幽州尚统领广宁、北平2郡。慕容氏部民有限,其政治中心一再南移,造成后方空虚,人心不稳。慕容儁不顾国力疲弱,妄图一统天下,三五占兵,社会矛盾进一步激化。同时,随着前燕政权的扩大,深入中原地区,鲜卑贵族亦日趋于腐化。前燕建熙十一年(东晋太和五年,370),占据关中的氐族苻氏前秦政权,发兵攻前燕。攻克邺城,尽有燕地,前燕诸州郡牧守及六夷渠帅,尽降苻坚。

前秦占领幽州及苻重、苻洛之乱 前秦是氐族苻氏于351年(东晋永和七年)在长安建立的政权。357年(前燕光寿元年,东晋升平元年),秦东海王苻坚起兵即位,去帝号,称大秦天王,改元永兴。苻坚统治下的秦国,镇压豪强,休息民力,一度出现魏晋以来不常见的清明政治。

前秦建元六年（东晋太和五年，370），苻坚灭燕，占据幽州，进而统一北方。在前秦关东广大地区中，蓟城成为仅次于邺城的重镇。全土分为21州，其中幽州领五郡，治蓟。除撤销渔阳郡，以渔阳县并入燕郡外，与前燕时的幽州政区基本相同。

后燕重据幽州　384年（前秦建元二十年，东晋太元九年）正月，慕容垂自称燕王，承制行事，改元燕元。燕燕元三年（东晋太元十一年，386）正月，慕容垂定都中山（今河北定州），即尊号，具典仪，修郊燎之礼。又置百官，缮宗庙社稷，改元建兴，史称后燕。蓟城由于处在慕容鲜卑祖居地龙城和都城中山之间，而成为后燕重要的5个战略城市（中山、邺、蓟、龙城、晋阳）之一。但是，后燕占据蓟城时间不过10余年。至后燕长乐元年（东晋隆安三年，399），燕郡太守高湖率户三千降于北魏，蓟城即被鲜卑拓跋氏所占有。后燕时，全土分为10州，其中幽州仍治蓟城，所属郡县也与前燕、前秦时大体相同。

北朝时期的幽州蓟城

北魏占据幽州和统一北方　北魏是祖居今内蒙古草原上的鲜卑族拓跋部建立的政权。太延五年（439），灭北凉政权，遂统一黄河流域，形成南北朝对峙的局面。据《魏书·地形志》记载，幽州仍治蓟城，领燕郡、渔阳、范阳三郡，县十八。其中，在今北京地区的县主要有：蓟、广阳、良乡、军都、潞、渔阳、涿县西北部、居庸及沮阳南部等。

东魏、北齐占领下的幽州　北魏末年，北魏分裂为高欢控制的东魏政权迁都于邺，宇文泰控制的西魏政权建都长安。幽州地区属于东魏占领。武定八年（550）五月，高欢子高洋废东魏孝静帝而自立，国号齐，史称北齐。东魏灭，幽州地区又属北齐。北齐天保七年（556），西魏相宇文泰死，其子宇文觉于次年（557）代西魏恭帝，自立为帝，国号周，史称北周。北周建德六年（577），周武帝出兵灭北齐，占据幽州，统一北方。

东魏立国仅十七年（534—550），其地方政区除沿袭北魏时的州、郡、县三级建置外，亦作过一些调整。据东魏武定四年（546）的情况，今北京地区分属于幽州、东燕州、安州三个州。但在三州所属九郡三十一县中，在今北京境内的仅有十六县，为燕郡的蓟、广阳、良乡，渔阳郡的潞、渔阳，范阳郡的涿县西北部，昌平郡的昌平、万年，上谷郡的居庸，偏城郡的广武、沃野，密云郡的白檀、密云、要阳，广阳郡的燕乐，安乐郡的安市。

北齐立国比东魏时间稍久，历二十八年（550—577）。北齐时，经多年战乱，北方人口锐减，土地荒芜，郡县大量裁撤与合并，在幽蓟一带就曾省广阳、良乡并入蓟县，省固安、方城、苌乡并入涿县，省容城并入范阳，省土垠并入安市；废密云郡为县，省白檀、要阳并入密云，等等。北齐末年的地方政区情况，今北京地区分属于幽州、东燕州、北燕州、安州四个州。北齐时，综上四州统属八郡，分置十九县。除广阳、白檀、要阳三县省并以外，在今北京境内的十三县，与东魏时相同。

北齐立国之初，置东北道大行台于定州，其后由于幽州军事、政治上日益重要而迁于幽州，并且在幽州地区先后封有广阳郡王、渔阳王、范阳王、安乐王、燕郡王等。这些贵族同当地豪富大量兼并土地，集聚财富，人民生活极为悲惨，租赋徭役不断加重。天保六年（555），北齐统治者征发民夫一百八十万人，从事修筑长城的苦役，东自幽州夏口（今居庸关），西至恒州（治今山西大同），全长九百余里。次年，又自西河总秦筑长城东至于海，前后所筑东西凡三千余里，十里一戍，并在其要害置州镇，凡二十五所。天保八年（557）继续于长城内筑重城，自库落拔而东，至于坞纥戍，凡四百余里。长城虽然在防御突厥的侵扰方面起了重要作用，但也成为秦筑长城七八百年之后，给人民带来的又一次重大灾难。而处于长城东段的蓟城附近各族人民则更是首当其冲，幽蓟地区的社会矛盾逐步激化。各地人民的反抗此起彼伏，加以朝政紊乱，统治阶级内部鲜卑贵族和汉族官僚地主之间的冲突不可调和，促使北齐的统治更加削弱和衰败。

北周统一北方后的幽州　北周是祖属东胡的宇文氏所建立的政权。周武帝宇文邕励精图治，于建德三年（574）下诏禁佛、道二教，毁经、像，命沙门、道士还俗。将近百万僧侣和僧祇户、佛图户编为均田户，既增加了劳动人手，又检括土地，调整了人民赋役负担。国内社会阶级矛盾有所缓和，国家经济实力和兵力壮大。建德四年（575），周武帝调集十八万大军伐北齐，连战皆捷。次年（576），周武帝再度出兵伐齐，经艰苦鏖战，于同年十二月平阳（今山西临汾西南）一役消灭齐军主力，北周乘势进军，建德六年（577）正月陷齐都邺城，北齐王、公以下皆降。北周灭齐后，基本统一了中国北部地区。建德六年（577）二月，周武帝诏于河阳、幽、青、南兖、豫、徐、北朔、定，并置总管府。幽州按照北齐时旧置，仍统领燕郡、范阳、渔阳三郡。燕郡治蓟，领蓟、良乡、安次三县，旧置归德撤并入蓟。北周占据幽州四年后，周相国杨坚受周禅，自立为帝，建立隋朝，北周即告灭亡。

隋唐五代时期的幽州

隋唐时期幽州的政治、军事

隋统一后幽州的形势和变化 北周静帝大定元年(581)二月,相国杨坚独揽朝政,废周静帝自立,建立隋朝,定都长安,改元开皇,是为隋高祖文帝。隋统一南北以后,在东北地区仍设立幽州总管府,以掌军机,幽州建置和郡县一如北周。隋文帝开皇三年(583)十一月,以郡县过繁,户口减少,诏罢诸郡。今北京地区范围内,幽州所属之燕郡和渔阳郡、玄州之安乐郡、燕州之昌平郡皆废,仅存州、县两级地方政权机构。隋建立后,文帝鉴于幽州军事地位的重要,设幽州总管。隋仁寿四年(604)七月,炀帝诏废诸州总管府,结束各州总管拥有重兵的局面。隋炀帝大业三年(607),为了加强对各地的统治,又诏改州为郡。幽州、檀州、燕州等皆废,只设郡、县两级机构。隋在原幽州之蓟城置涿郡(今北京),幽州刺史改任涿郡太守。又在原檀州燕乐县置安乐郡。郡太守官位最高不过从三品,辖地不过数县,难以形成地方割据势力。隋大业中,涿郡治蓟,领九县:蓟、良乡、安次、涿、固安、雍奴、昌平、怀戎、潞。安乐郡治燕乐,领二县:燕乐、密云。其中除安次、涿、固安、雍奴四县外,另七县皆在今北京境内。渔阳郡治无终,其西北部在今北京境内。

隋炀帝大业三年(607),隋炀帝北巡塞外,欲东至涿郡,突厥启民可汗率部人从役，自榆林郡北境至其驻牙之地，复东达涿郡，开御道三千里，广百步。后来，炀帝游幸、东巡，即循这条御道抵涿郡蓟城。隋在蓟城筑临朔宫，是为隋炀帝北巡之行宫。大业四年（608），兴辽东之役，诏发男女百余万众凿永济渠。截引沁水为水源，通至黄河，疏凿的白沟（今卫河）北流，到达今河北馆陶县，又另开水道，北至于涿郡。隋代大运河沟通了钱塘江、长江、淮河、黄河、海河五大河流，南起余杭（今浙江杭州），北达涿郡，全长四五千里。将涿郡、北方地区同富饶的关东、江淮地区紧密联系起来，加强了南北经济文化交流，并且成为此后一千余年维系中华民族统一的纽带。

涿郡是隋朝在北方的军事重镇，又是征辽的出击地，故百姓负担徭役赋税苛重，遭遇十分悲惨。随着隋朝统治的动摇，在各地农民起义浪潮的影响下，涿郡农民起义也如火如荼。在隋末涿郡农民起义中，蓟城附近的人民斗争亦十分活跃。在隋末的人民反抗斗争中，对幽州（涿郡）影响最大的是窦建德起义军，曾三攻幽州不克。武德四年（621），窦建德置幽州于不顾，毅然率起义军南渡黄河，进取河南之地。

唐代幽州的政治状况 唐代初年的地方行政制度仍沿袭隋制，以州统县。贞观元年（627）于州上设道，分全国为十道，后增为十五道，形成道、州、县三级行政区划。唐代中期，以数州为一镇，置节度使，称为"方镇"或"藩镇"。天宝初（742），改州为郡，以后节度使又兼任各道采访使，道、镇基本合一。

唐高祖武德元年（618）复置幽州，治蓟。此后，幽州领县多有变化，最少时为武德五年（622），仅六县：为蓟、良乡、范阳（原涿县）、雍奴、安次、昌平六县。最多时为唐玄宗开元之初，幽州领十三县。在今北京境内的仅有蓟、良乡、昌平、渔阳、潞等县。唐代，在今北京境内的政区，除幽州外，还有檀州的燕乐、密云两县和妫州的妫川县（治今北京延庆）。

唐初，恢复幽州建置后，复设幽州总管府，统领幽、易、平、檀、燕、北燕、营、辽八州军事。武德六年（623），幽州总管府升为大总管府，统管三十九州，事权加重，以便统一筹划北边军事。次年，改大总管府为大都督府，所掌事权仍旧。由于突厥不断入寇幽州，唐高祖曾遣太子李建成往幽州，秦王李世民往并州，督军御突厥。武德九年（626）六月，秦王李世民发动"玄武门之变"，夺取帝位后，改幽州大都督府为幽州都督府。

贞观三年（629）冬，唐太宗发大军出击东突厥，东突厥部落离散，降唐者甚众。自贞观四年（630）至高宗末年的近五十年中，东突厥残部与唐王朝相安无事，幽州北边遂获得暂时稳定。唐高宗末年及武则天时期，东突厥和辽东契丹势力复兴，频繁入犯幽、妫、檀诸州，幽州的地位再次上升。幽州节度使不但在全国十个节度、经略使中统兵最多，而且被赋予极大权力。至开元二十年（732），幽州节度使兼河北采访处置使，共领二十四州及安东都护府一府。

唐玄宗天宝年间，范阳节度使（原幽州节度使于天宝元年改称）统领经略、威武、清夷、静塞、恒阳、北平、高阳、唐兴、横海九军，共九万多人，治所在幽州蓟城。其中，经略军驻幽州蓟城内，有士卒三万人、马五千四百匹。威武军驻檀州城内，有士卒万人、马三百匹。清夷军驻妫州城内，有士卒万人、马三百匹。幽州从唐王朝的北方军事重镇发展成为整个河北地区的军事、政治中心，保持二十余年，直至安史之乱爆发始告结束。

安史之乱在幽州爆发 唐天宝元年（742），全国共有军队五十七万，沿边十节度、经略使即领有四十九万，形成"外重内轻"的局面。军事力量的这种不平衡带来政治上的不稳定，天宝十四年（755），安禄山、史思明在幽州发动叛乱。天宝十五年（756）正月，安禄山即帝位，国洛阳，号大燕，以范阳为东都。肃宗至德二年（757）正月，叛军内部发生分裂，安庆绪杀其父安禄山自立为帝。以史思明仍为范阳节度使，封妫川王。史思明依仗范阳积有安禄山从长安、洛阳掠来的大量珍货，拥强兵自重，并不听安庆绪之命。乾元二年（759）三月，史思明杀安庆绪，自归范阳，称大燕皇帝，以范阳为燕京，建元顺天。肃宗上元二年（761），叛军内讧，史朝义于陕州杀其父，自即燕皇帝位，改元显圣，将史思明归葬范阳。唐代宗宝应元年（762）十月，唐朝借助回纥兵破史朝义，安禄山、史思明叛乱始告结束。

唐后期幽州的藩镇割据 唐代宗宝应二年（763）正月史朝义死后，唐廷先后以李怀仙、朱希彩、朱泚、朱滔、刘怦、刘济、刘总、张弘靖、朱克融为幽州卢龙节度使。唐懿宗咸通十五年（874），王仙芝、黄巢领导的农民大起义爆发，前后历时十年。在镇压农民起义过程中，各藩镇的势力更加恶性膨胀，互相攻杀侵并，并由割据走向分裂。唐僖宗乾符二年（875）八月，唐以李茂勋为卢龙节度使。此后,相继任幽州留后、卢龙节度使的有:李可举、李全忠、李匡威、李匡筹、刘仁恭等。唐哀帝天祐四年(907)四月,刘守光囚其父刘仁恭,自领幽州。同月,宣武节度使朱全忠(即朱温)篡位,改国号梁,建元开平,史称后梁,唐亡。中原地区出现五代十国的分裂局面。幽州初附后梁,后来被后唐所并。

隋唐时期幽州的社会、经济、文化

幽州人口与幽州城 隋炀帝大业五年(609),是隋代户口极盛时代。据《隋书·地理志》载:涿郡领九县,有八万四千五十九户;安乐郡领二县,有七千五百九十九户,二郡共有九万一千六百五十八户,约四十五万八千口,当时全国人口平均每户为5.17人,此处按每户5口推算。据《魏书·地形志》记载,东魏武定中,幽、安、东燕三州九郡亦不过有四万六千余户,十七万余口。隋涿、安乐两郡地域远较东魏幽、安、东燕三州为小,而户口却为后者的二倍有余,其繁盛程度甚至超过西晋时的水平。其后隋炀帝迭兴大役,营建东都洛阳,开凿运河;又发天下丁壮,出师辽东,复造成全国,尤其涿郡人口的大量死亡和流散。

唐初,太宗李世民君臣励精图治,形成中国历史上有名的"贞观之治"局面,国势日益强盛。据《旧唐书·地理志二》载：幽州十县有二万一千六百九十八户，十万二千七十九口。经过一百余年的恢复，至唐玄宗天宝之世，人口已上升到六万七千二百四十二户，三十七万一千三百一十二口，成为过去的三倍有余。同时，唐前期侨治于幽州的十九个羁縻州计有一万二千余户五万余口，虽然不属于当地正式编户，但也分布于幽州境内。

唐初对辽东用兵，此后又严防契丹南犯，在今北京地区还驻有大量军队。天宝中，在幽州蓟城内的经略军，即有军士三万人，马五千四百匹；在檀州城内的威武军，也有军士万人，马三百匹。

幽州地区户口的增长为发展社会经济提供了充足的劳动人手，是唐前期幽州社会经济发展中不容忽视的因素。唐朝在幽州的驻军亦屯田耕种，为幽州农业生产的发展做出贡献。天宝十四年（755），安史之乱在幽州爆发，历时八年，幽州十五万叛军几乎无人生还。此后，藩镇割据，连年混战，复造成幽州人口的大量减损。因此，幽州地区人口在天宝以后又有明显削减。

幽州蓟城在唐代又称幽州城。《太平寰宇记》引《郡国志》记载：幽州城"南北九里，东西七里，开十门"。据近年考证，其城垣四至大约是：东垣在今北京西城区烂缦胡同与法源寺之间的南北一线；北垣在今北京西城区头发胡同和白云观的东西一线；西垣在今西城区会城门村以东，南经小马厂和甘石桥东侧的南北一线，西界今莲花河，莲花河可能是幽州城的西城壕；南垣在今西城区白纸坊东、西大街一线。

唐幽州城北有三市，为商人贩贾之地，城中又重筑小城，称

"子城"。幽州城内西北有楼，又称蓟丘楼，是文人登高望远、饮酒赋诗的处所。唐代诗人多有登"蓟丘楼""蓟北楼""蓟城西北楼"之作。幽州城内有大道，称檀州街、燕州街、经略军南街等。今北京法源寺前，在唐代也是一条大道。幽州城南有毗沙门神寺。城东隅原有同罗馆，前后十余院，门观宏壮，僭似宫室，唐玄宗赐安禄山以为私宅。安禄山叛乱称帝，复改其处曰潜龙宫。史思明据范阳自称大燕皇帝，改范阳（即幽州蓟城）为燕京，复以城内子城为皇城。皇城正门曰日华门，城上有逍遥楼。皇城内有听政楼、紫微殿，南部有庑廊。幽州城北不远还有安禄山所筑雄武城，与幽州城互为依托。

唐代，幽州城内的居民大多是幽州经略军及其家属，其中也包括加入唐朝军队的胡人番军。唐代幽州城内有坊，坊有门楼，是一种封闭式的格局。据宋代路振出使辽朝所著《乘轺录》中，记述辽南京城内自唐代遗留下来的坊名，有罽宾坊、肃慎坊、卢龙坊等。又从近年来北京地区出土的唐代墓志可知，唐幽州城内，还有花严坊、辽西坊、铜马坊、蓟北坊、燕都坊、军都坊、招圣里、归仁里、东通圜里、劝利坊、时和坊（里）、遵化里（坊）、平朔里（坊）、归化里（坊）、陶台坊、永平坊、齐礼坊、显忠坊、通圜坊、通肆坊、蓟宁里，等等。

隋唐时代的幽州蓟城，城池高崇，规模宏丽。城内街道整齐，坊市有序，人口繁盛，是当时北方著名的多民族大城市。

幽州社会经济的繁荣 唐初实行均田法和租庸调法，使个体农民得到土地，减轻农民的赋役负担。幽州地区自北齐以来即为宽乡（田多人少）地区，唐太宗令于幽州等地置常平仓，粟藏九年，米藏五年，备荒岁和平抑粮价。说明幽州农业生产水平在当时已有较大提高，有较多的农产品可供贮存。唐代幽州人口发展很快，再加之常年有数万驻军，劳动人手充实，大片土地得到开发。唐初裴行方为幽州都督，曾引卢沟水，广开稻田数千顷，百姓赖以丰收。

隋唐时，南北经济交往更加密切，幽州的社会经济进一步发展。唐代的幽州城成为北方著名的商业都会之一。唐武德年间，曾于幽州置铸钱监，以督领铸造钱币之事。天宝中，唐玄宗又允安禄山在上谷（治今河北易县）置五铸钱炉，对货币需求的增长，反映了幽州地区商业经济的发展。北京房山区云居寺唐代石经题记所载，唐幽州城内的工商行业达二三十种，如生铁行、角社、炭行、磨行、杂货行、新货行、大米行、粳米行、肉行、屠行、油行、果子行、椒笋行、五熟行、布行、绢行、小绢行、大绢行、新绢行、彩帛行、绵行、幞头行、靴行等。从捐经题记的数量中可以看出米行、肉行的经济实力比较雄厚，对市场应有较大影响力。唐代幽州地区有盐屯，每屯有丁有兵，每年可得盐一千五百斛至二千五百斛。

隋唐时期，幽州与北方少数民族之间的贸易往来非常密切。隋开皇中，阴寿为幽州总管时，突厥曾以珍珠一箧价值八百万，在幽州与隋贸易。唐代天宝以前，唐朝与辽东通商，自关东经幽州至营州而入安东道。开元、天宝年间，契丹朝献二十余起，岁选酋豪数十人入长安朝会，其下率数百皆驻馆幽州，进行贸易。

唐幽州市上常有胡商，且多为富商大贾。隋唐时期，幽州地区的社会经济体现了熔南北汉胡经济为一炉的重要特征。

幽州教育文化的发展　隋代幽州（涿郡）地区的文化教育，承魏晋北朝遗风，仍然不衰。《隋书·地理志》云："涿、太原，自前代以来，皆多文雅之士"，虽称边郡，"然风教不为比也"。隋文帝开皇二十年（600）一度罢废国子四门及地方官学。炀帝即位后，涿郡的官学亦得恢复。唐后期刘济为幽州卢龙节度使时，曾于幽州置州学，发展教育。

幽州范阳卢氏、祖氏家学在隋唐时虽不似北朝时期兴盛，但也相承不坠。如卢贲"略涉书记，颇解钟律"，开皇九年（589）以吏部侍郎转礼部尚书。卢思道、卢昌衡入隋以后，亦以名著一时。卢楚少有才学，大业中为尚书右司郎。范阳的祖君彦，自涿郡昌平奔附李密起义军，署为记室。祖君彦博学强记，文辞优美，著名海内，李密讨王世充檄文中"磬南山之竹，书罪无穷，决东海之波，流恶难尽"名句，即出自其手。唐初，出身范阳卢氏的卢照邻，被称为初唐四杰之一。唐代幽州还产生过昌平刘贲、范阳贾岛等名士。

幽州是唐朝北方重镇，经济、文化均较发达，又多文雅之士，所以唐代很多著名文学家和诗人均曾到此客游，李白、陈子昂、张说、高适、贾至、孟浩然、王之涣等著名诗人都曾留下很多关于幽州风土人情、出征、民族交往等方面的文章、诗作。名作有陈子昂的《登幽州台歌》、张说的《幽州新岁作》、孟浩然的《蓟门观灯》、贾至的《燕歌行》、李白的追忆诗《经乱离后，天恩流夜郎，忆旧游书怀，赠江夏韦太守良宰》等。

唐代幽州地区有多方面的艺术成就，时人曾以"燕歌赵舞，观者忘疲"一语来形容它的奇妙。隋唐之际，西域诸族的音乐也传入幽州。今北京地区发现的史思明墓、王郆夫妇合葬墓中，皆有壁画彩绘遗迹。幽州范阳有不少身怀绝技的丹青高手，世人以为传奇。

寺院建筑和雕刻 云居寺建于唐贞观五年（631），以珍藏石板刻经而著称于世。幽州沙门静琬秉承师嘱，于隋大业中"发心造石经藏之，以备法灭。既而于幽州北山凿岩为室，即磨四壁而以写经，又取方石别更磨写，藏诸室内。每一室满，即以石塞门，用铁锢之"。（唐临：《冥报记》）静琬开凿的石室，即今云居寺雷音洞（又名华严堂、石经堂）。洞内四壁嵌有石经板一百四十六枚，

云居寺

并立有四根八角石柱,各面均雕佛像共一千零五十四尊,亦称千佛柱,为罕见艺术珍品。静琬卒于贞观十三年(639),其弟子相继刻经不辍,以至于后世。

云居寺内保存唐代石塔四座,形状玲珑秀丽,外形简洁朴实,塔壁浮雕,姿态生动,刻工精美,其艺术表现更强于宗教色彩,堪称唐代书法艺术之丰碑。这些石刻、题记,对研究幽州社会经济,对校正佛经、研究中国佛教、书法和历史文化都具有重要价值。

隋文帝仁寿二年(602)春,为藏"舍利"于宏业寺(今天宁寺)而建高塔,后倒塌,今天宁寺砖塔为辽代重建。唐武德五年(622),在今西郊马鞍山下,创建慧聚寺(今戒台寺),背倚群山,门向幽州城,山花奇松,风景秀丽。贞观年间又于西山脚下建兜率寺,即今卧佛寺。唐太宗贞观十九年(645),幽州城内

法源寺

悯忠寺（今法源寺）为悼念阵亡将士而建。房山区磁家务孔水洞内壁隋大业十年（614）刻经和隋代石雕佛像，内容为大般涅槃经。孔水洞上万佛堂建于唐大历中，原名龙泉寺。万佛堂内《文殊普贤万菩萨法会图》，为精美的唐代浮雕艺术珍品。

幽州的民族关系 唐朝国土广阔，与周边各族关系密切，特别是突厥、薛延陀、回纥相继没落以后，北方诸族纷纷来附，徙居内地。幽州地处唐朝国土东北，正是与北方、东北方各族来往的要冲，民族成分繁多，是南北朝以来中国北方民族融合的集中地区之一。

唐代，很多少数族人因各种原因相继徙入幽州。据《旧唐书·地理志》记载，唐玄宗天宝年间，居住幽州地区的奚、契丹、突厥、靺鞨等族的人口，已有一万二千余户五万余口。当然，实际上并不止于此数，如唐贞观十九年（645）徙入幽州的高丽族一万四千口即未计算在内。唐天宝末年，又有不少同罗人（属铁勒族系）入居幽州。此外，幽州地区还有役属于奚、契丹而一同徙入幽州的室韦族。安史之乱以后，唐武宗会昌二年（842），卢龙节度使张仲武大破回纥，回纥降众入幽州者更数以万计。即使以唐天宝年间侨治幽州的十九个羁縻州县的少数民族居民与汉族居民户口之比来看，也已经将近一比六，幽州确实是北方诸族大融合的地区。

幽州居民自古有尚武精神，至唐代这种习武风气更有加强。安史之乱以后的二十余任幽州卢龙节度使中有十四人是幽州本地人。至于其他藩镇，也有不少节帅出身幽州。这虽然主要是当时动荡的政治局势所促成，但也不能不看到其中北方少数民族对幽州民风的影响。

唐朝对入居幽州的少数民族采取宽柔的政策，诸羁縻州县的刺史皆由各部酋长担任，且羁縻州县的少数民族待遇与幽州当地居民有别，不负担任何赋役。北方少数民族的徙入，对幽州的发展极为有利。在汉族居民与诸少数民族的长期交往中，相互影响，从而缩小了双方在政治、经济、文化乃至民族心理方面的距离，加速了民族融合的进程。

五代时期幽州的形势和变化

唐末诸藩镇互争攻并，中央政权陷入四分五裂。其时，北方以据于汴州（治今河南开封）的宣武节度使朱全忠和据于并州（治今山西太原南）的河东节度使、晋王李克用势力最强。北方镇帅多依违于这两大军事集团之间。唐哀帝天祐三年（906）九月，朱全忠因河北诸镇皆附，唯幽州刘仁恭不服，复发兵攻沧州失败，恐在诸镇中威望下降，内外离心，逼唐哀帝禅让，篡唐。天祐四年（907）四月，朱全忠废唐自立，国号梁，史称后梁。李克用据有河东，奉唐朝为正统，沿用唐哀帝天祐年号。刘守光据幽州，依违于这两大军事集团之间。刘守光治幽州，心骄志满，竟然要诸镇奉其为主。后梁乾化元年（911）八月，不顾将佐僚属的劝谏，自称大燕皇帝，国号燕，建元应天。乾化二年（912）正月，李存勖遣周德威率三镇军破祁沟关（在今河北涿州、易县之间），直逼幽州城。次年，周德威率军围幽州城经年，遍陷幽州城外四周之地。十一月，李存勖亲至幽州，督诸军攻陷幽州城，刘仁恭、刘守光先后被擒，皆被李存勖所杀。刘仁恭父子在幽州十九年的统治至此结束，晋王李存勖据有幽州。

后唐末帝清泰三年（936）五月，后唐太原节度使石敬瑭（后唐明宗李嗣源之婿）据晋阳反。篡取帝位，以割让幽、云等十六州之地换取契丹发兵相助。当时赵德钧正奉后唐末帝之命讨石敬瑭，也怀有称帝野心，遂遣使契丹，求立为帝，契丹不允。耶律德光率契丹大军赴晋阳，击败后唐军，册封石敬瑭为大晋皇帝。诏以幽州为契丹国南京。从此，幽州开始了向中国北半部的政治、文化中心的演变过程。

辽代的南京（燕京）

契丹攻取幽燕及辽南京的建立

契丹攻取幽燕及幽州升为辽代南京　契丹是中国北方的一个游牧民族，祖属东胡。契丹起于汉末，盛于隋唐之间，正式见于史书记载是在北魏时期。到隋朝,发展到十个部落,有十几万人口。唐朝设松漠都督府，负责对契丹人的管理。契丹人居住在潢河和土河流域，即今内蒙古西拉木伦河和老哈河之间。唐末，契丹主耶律阿保机统一各部，并于后梁贞明二年（916），正式称帝，始建年号神册，是为辽契丹。于938年（一说947年）改国号为辽，983年重称契丹，1066年仍称辽。

契丹政权早期对幽州作战，并不是为攻占城市，而是以掠夺人口和财富为目的。但是，当大量的农业人口流到草原之后，便出现了许多从来未有的农业"插花地"和最初的城市，契丹人称之为"头下州县"。从《辽史》记载看，最初的"头下州县"，人口来源主要是燕、云两地，而以燕蓟人口为最多。契丹人还在战争中俘虏了许多幽燕地区的官吏和文人，把中原的政治、经济、法律、制度和管理国家的经验带到北方，帮助契丹人建立了政权。这一切，都使契丹人认识到幽燕地区的重要。于是，要求直接占领中原的土地，希望把幽燕与草原联结在一起。

契丹人首先攻打幽州西部。唐和五代初，居庸关以西设"山后八军",是幽州防备契丹的重要基地。神册元年(916)十一月,契丹人攻略蔚、新、妫、武、儒等山后诸州,从代北逾阴山,尽有其地。这样,便割断了幽州与云朔地区的联系。然后,契丹人又把军事力量集中于幽州的东北。控扼辽西走廊、保障幽州安全的要塞。后唐末帝清泰三年(936),河东节度使石敬瑭反后唐,割让燕云十六州。938年(契丹会同元年、后晋天福三年),后晋向契丹正式交出燕云十六州图籍。这十六州是:幽(今北京)、蓟(今天津蓟县)、瀛(今河北河间)、莫(今河北任丘)、涿(今属河北)、儒(今北京延庆)、檀(今北京密云)、顺(今北京顺义)、新(今河北涿鹿)、妫(今河北怀来)、武(今河北宣化)、云(今山西大同)、朔(今山西朔州)、应(今山西应县)、寰(今山西朔州东)、蔚(今河北蔚县)。幽州这个中原的北大门,转瞬间变成了契丹的南大门。从此,打破长城界限,把幽燕与草原连为一片。同年,契丹升幽州为幽都府(后改析津府),立为南京,实为陪都。

辽南京的政区、建置与居民 辽朝设五京,即:上京临潢府(今内蒙古巴林左旗南)、中京大定府(今内蒙古宁城西大名城)、东京辽阳府(今辽宁辽阳)、西京大同府(今山西大同)和南京析津府。于京置道,道领府、州;府统州、县;州亦统县,并多置军。辽南京是南京道的中心城市。它统辖着长城以南、河北北部的大片土地。北至燕山,南至拒马河,西至太行山和军都山,东达海滨,即古代所谓幽燕之地。

辽升幽州为南京,同时建卢龙军。圣宗开泰元年(1012)改节镇军名,南京亦称燕京,又改幽都府为析津府,治南京;改蓟

辽　析津府　太平六年（1026）

北县为析津县，改幽都县为宛平县。开泰以后，南京道实际统辖一府九州三十二县。其中，在今北京境内有十一县，为析津、宛平、良乡、潞、昌平、玉河、济阴、怀柔、密云、行唐及渔阳西北部。除南京道外，尚有中京道大定府的北安州所领兴化县西南部，及西京道奉圣州所领儒州缙山县在今北京境内。南京在整个辽朝来说，是人口十分密集的地区。据《契丹国志》记载：南京"户口三十万"，这大约是指南京城及直属县的人口。据《辽史·地理志》记载，南京析津府直属的十一个县共有十万户左右，以每户三至四人计，当有三四十万人。两个数字是相近的。《辽史·地理志》还记载了南京道其余各州人口共十四万户，加上十一个直属县的十万户左右，共二十四万户。也就是说，整个南京道约有近百万人口。

南京地区以汉族为主，又杂居着不少少数民族。其中以契丹为最多，还有奚、渤海、室韦、女直等各族人民。这中间，有很大一部分是契丹和奚族军队。

辽南京城的规制与建设　南京析津府的城垣，是在唐代幽州藩镇城的基础上修建的。城的位置和范围无大变化，只是在城的西南角重修了一座皇城。这座城市，大约在今西城区南半部。近年考古工作者曾测定，金中都城为三十七里多，是在辽南京城基础上，在城东、西、南三面各扩充三里，只有北墙未动。根据唐、辽时期的考古资料，可以大体推断出辽南京城的城垣方位，东垣约在今宣武门外大街西侧、烂缦胡同一线，西城垣当在今会城门桥东至莲花河之间南北一线。有人认为，莲花河可能是辽南京西护城河的故道。辽南京北城垣，在今前三门大街略北、西长安街以南，具体位置在今头发胡同一线，向西经今白云观，直至会城门附近。其南垣，在今白纸坊东、西街至姚家井一线。整个城市呈矩形。南京城有八个城门，东面两座称安东、迎春；南面称开阳、丹凤；西面称显西、清晋；北面两座是通天、拱辰。城门上有敌楼、战橹。

为接待宋朝来使，辽朝在燕京修建了专门的驿馆。南门外有碣石馆，辽宋议和后改称永平馆。城东北三十余里有望京馆。另外，城东门以内有悯忠寺，是燕京宗教活动的中心，也经常作为接待各国使者的地方。城北部有一座壮丽的楼阁，称为燕角楼。西部高地上有凉殿。

按照中国古代城市建筑的传统规范，在城的南门与北门、东

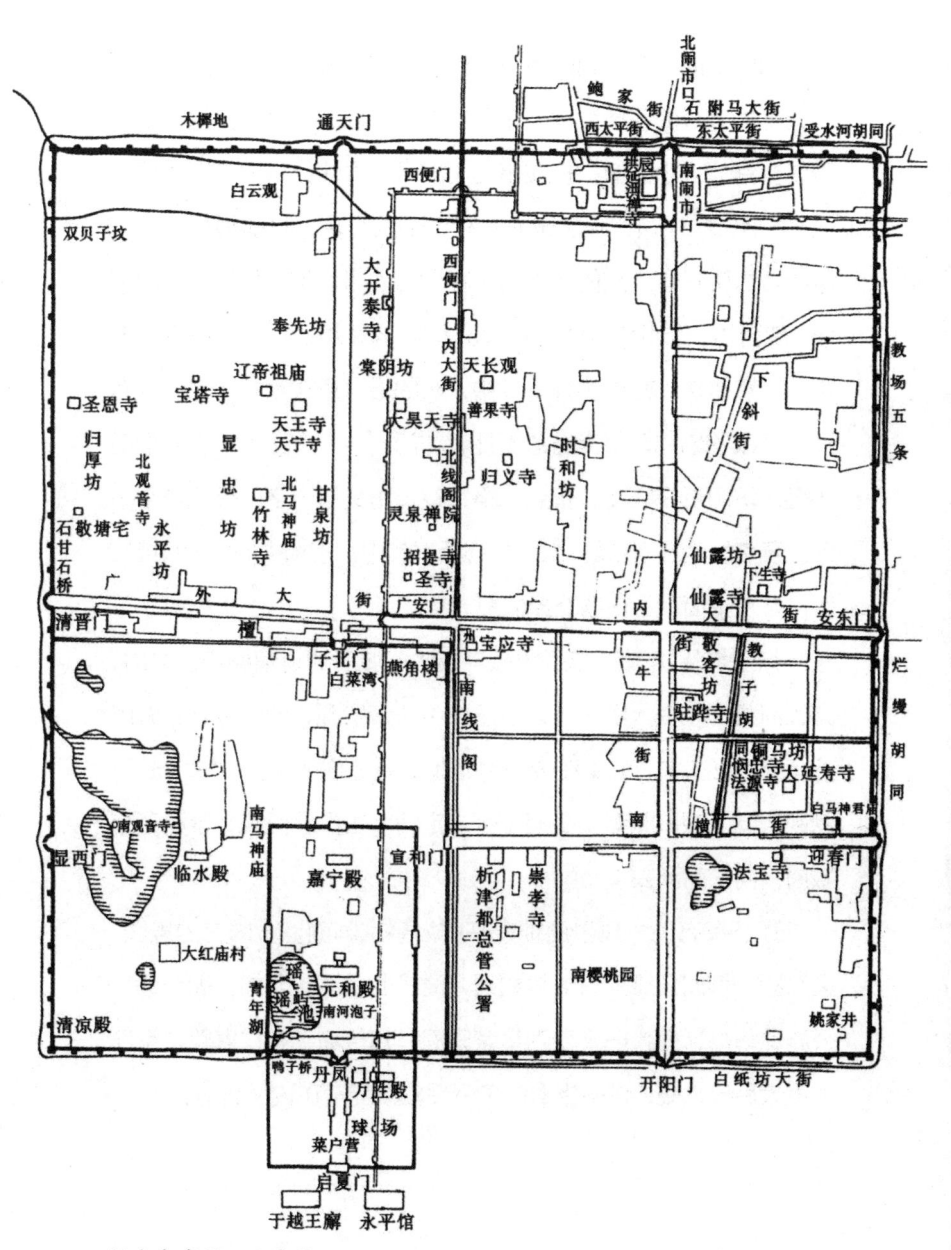

辽南京城平面示意图

门与西门之间,有宽阔的街道。因此,燕京城内就有沟通八个城门的呈井字形的四条大街道布置在城市中间,是城内交通的主要干线。其他大小街道,把城市切割成一些方块,中间布置着居民住宅,组成"坊"。燕京城内共有二十六个坊,目前根据文献记载和考古资料可查到的坊名有:卢龙坊、肃慎坊、罽宾坊、时和坊、隗台坊、永平坊、显忠坊、北罗坊、齐礼坊、棠阴坊、军都坊、骏坊、宣化坊、归厚坊等。其中,有的沿袭唐代幽州坊名,也有辽代后改的名称。每个坊通街处有坊门,门上有楼,上有匾额书坊名。坊门日开夜闭,管理严格,每个坊又用十字街分成四个小区。燕京城北部有市场,南北货物尽聚其中。市场中心有"看楼",可以站在上面观看市场交易情况。

燕京城周围有护城河环绕,城北护城河通运粮渠道。当时,高梁河是一条很大的河流,自玉泉山一带发源,流经今紫竹院附近,分两支东去。北支在今动物园北,南支通向燕京城北护城河,以利漕运。城南侧有桑干河(今永定河)由西北而来,紧靠燕京城南,向东南流去。

辽燕京有许多风景胜地,开辟为皇家园囿。城内有内果园、凤凰园、柳园。城外有瑶屿和延芳淀。燕京城东北郊,即今北海公园琼华岛,辽代已开辟为皇家园囿。相传岛上有广寒殿,系辽朝萧太后梳妆楼,说明当时的皇帝后妃们经常在这里活动。

中原政权攻打燕京及辽宋和战

契丹进入幽州初期，采取"以汉人治汉地"的政策，尽量使用汉族官吏。待后晋与辽失和，契丹即连年南伐，燕京形势也很快混乱起来。到世宗、穆宗朝，居民流亡、汉官南奔中原者不断。这时，中原形势却有一定好转。周世宗柴荣是比较有作为的皇帝，打败南唐，基本统一了长江以北的土地，又在政治、经济方面进行整顿，从而在后周统辖的地区，出现了比较稳定的局面。于是，周世宗决心北伐幽燕，重新夺回被石敬瑭割让的土地。959年（辽应历九年，后周显德六年），周世宗亲自率兵北伐。瓦桥、益津、淤口（今霸州东南信安镇）三关及其以南之地尽归后周。960年（辽应历十年，宋建隆元年），赵匡胤篡夺后周政权，建立北宋，定都汴梁，遂形成宋辽对抗局面。974年（辽保宁六年，宋开宝七年），宋辽互派使节议和，燕京地区出现短暂的和平局面。979年（宋太平兴国四年，辽乾亨元年），宋太宗赵匡义消灭割据太原的北汉政权之后，挥师东进，欲乘势夺取幽州。辽朝尚无准备。两军接战，辽兵大败。宋军进至燕京城下。七月耶律休哥等援兵赶到，大战宋军于高梁河。宋军指挥失灵，大败遁去。

981年（辽乾亨三年，宋太平兴国六年），辽景宗去世。新即位的辽圣宗年仅12岁，朝政由其母承天太后主持。宋朝认为，辽国"孤儿寡母",内部必定十分混乱,准备再次发动夺取幽燕的战争。辽朝方面,改变南部边防松弛的状况。安抚燕民,立休更法,均戍兵,劝农桑,修边备,边境大治,改变了燕京形势。983年(辽统和元年,宋太平兴国八年),宋朝沿边竟有七十余村归附辽朝。986年(宋雍熙三年,辽统和四年),宋朝发动对辽的全面进攻。宋朝动员近三十万兵力,分五路来攻。辽朝以倾国兵力抗争。宋军进至涿州,辽朝大军已至,双方开战,宋军陷入重围,苦战失利。此战之后宋朝完全失去向辽主动进攻的能力。

当辽朝安定西夏和高丽左右两翼之后,便全力对付宋朝。1004年(辽统和二十二年,宋景德元年),辽圣宗和承天太后率大军二十万南下,一直打到黄河边。宋真宗被迫至前沿督战。契丹久战不利,双方终于在黄河北岸的澶渊(今河南濮阳)议和,根据盟约规定,宋朝每年向辽馈银十万两,绢二十万匹,在南京交割。从此,燕京的地位继续上升,实际上形成与开封这个中原都城相抗衡的北方军事、政治中心。

天祚末年,女真人为反抗辽朝的民族压迫而起兵,很快占领了辽朝大片土地。到1121年,辽朝旧土已大半为金人所有。天祚帝逃到燕京,辽朝的政治中心实际上已经转移到燕京,这里成为辽朝最后一块根据地。当时,宋朝已经到了崩溃边缘,内部矛盾重重,农民起义此起彼伏。为了转移矛盾,宋朝统治者想乘金人攻辽之机夺取燕京。于是,与金人订立"海上之盟",相约夹攻燕京,说定破辽之后燕京地区归宋所有。

1122年(辽保大二年,金天辅六年,宋宣和四年),金人向燕山一线逼近，天祚帝逃出居庸关，奔向大沙漠。辽将郭药师率领辽朝最有作战能力的"常胜军"降宋，并一度引宋军渡卢水（即桑干河，今永定河），至安次，抵京西三家店。还曾夺燕京迎春门攻入城内，但因宋后续援军不至又被迫退到城外。宋军迟迟无进展，金人却在当年十二月攻破居庸关，金主阿骨打攻陷燕京，辽朝对燕京地区一百八十多年的统治结束。

燕京地区的经济发展

契丹对燕京的统治　辽朝获得燕云地区后，建立起两套政治制度，"以国制治契丹，以汉制待汉人"，实行北面官和南面官双轨官制。北面官管理广大草原和牧民，采取宫帐、部族制度；边远地区则划为"属国"；燕云地区基本沿袭唐制，称为南面官制。朝廷设三公三师，门下省、尚书省、翰林院，并设左、右丞相。在燕云地方州县，仍是州设刺史、县有县令。辽有五京，各京官员设置因地制宜，情况不一。南京地区多边防官和财赋官。

辽南京的最高行政长官是留守，管理南京留守司。南京又称析津府，故又设府尹，一般由留守兼任。南京有总管府，总管南京军民事务。下设都虞候司，皇帝至燕，由都虞候司负责巡逻、侍卫；有警巡院，负责地方治安。又有南京处置司及南京太学官。军事机构有南京马步兵都指挥使司，其下又分马军都指挥使司和步军都指挥使司。负责财富的官员有南京转运使。由于南京栗子产量很大，还专设"南京栗园司"。

辽朝对燕京的经济政策　幽燕地区西北多山，南向平原，又是草原畜牧经济和中原农业经济的结合地带，故自古以来就呈现出以农为主、兼有畜猎等业的混合经济。能否把握这种特点，很好地处理各业的关系，是幽燕地区经济正常发展的关键。中国历史上入主中原的许多少数民族，在进入幽燕之初往往不了解农业生产的重要性，曾经把大量农田变为牧场，造成幽燕地区农业破坏和经济倒退。这种现象在辽朝也曾一度出现，但总的来说，比其他少数民族破坏要轻，做得要好些。这是因为，阿保机在建国之初就曾在草原上进行了发展农业的尝试，并从中得到许多好处。所以，在取得燕云地区之后，仍比较重视农业，避免了这个地区在经济上发生更大曲折。

辽朝的主要农业地区在东京、西京和燕京。其中，又以燕京最为富庶。所以，辽朝对幽燕地区农业发展比较重视。不过，由于辽初燕京战事很多，真正的农业发展是在圣宗以后。统和七年（989），圣宗下诏允许燕乐、密云二县百姓开垦荒地，并免赋役七年。以后又采取了一系列保护农业的措施，如：免南京租税，劝农垦荒，鼓励民间种树，禁止军队和官府非时放牧等。在对宋关系方面，圣宗时耶律休哥镇守南京，提出不主动挑起边衅，宋朝有牛羊过境主动送回等，这对保障燕京地区和平安宁和经济稳定发展有很大作用。到太平年间，南京地区出现少有的农业大丰收。太平三年（1023），圣宗至南京，百姓争献土产，夜间大街灯火如昼，圣宗微行巡视，确实呈现一派繁荣景象。尤其是澶渊之盟以后，辽宋和好，双方保持了近百年的和平，对幽燕地区经济发展十分有利。辽朝对燕京地区其他行业也十分重视，为发展畜牧业，辽初曾下令禁止南京地区母畜出境。北部山区是契丹、奚人和汉族人民刍牧牛羊的良好场所。辽朝对南京的手工业尤为重视，特别是丝织业和东部沿海的渔盐之利，是辽朝重要财赋收入。总之，辽代的燕京地区保持了比较合理的经济结构。

燕京地区土地制度 辽朝土地制度分为官田、营田和私田，营田实际上也是官田的一种。燕京地区大多是地主和农民的私田，但荒地、陂泽、山林属于国家。辽初为鼓励农业曾下令许农民开垦在官闲田，并可变为个人私田。私田中有地主占有的土地、诸王贵戚和豪酋的土地、寺院土地和自耕农土地。寺院经济是燕京地区特殊的经济形式，由于辽朝佞佛甚重，燕京地区大寺院又十分集中，寺院土地占很大比重。大寺院土地常有数十顷、数百顷。辽朝后期，燕京地区人口大量增加，土地不敷应用，出现了国家和豪强强占中小地主和农民土地的现象。但总的来说，辽朝还比较注意保护土地私有权和保障农民的自由身份，这些政策对保证燕京地区经济发展、防止经济倒退无疑有重要意义。辽朝的赋税比宋朝轻，不过，农民杂役很多，有所谓驿递、牛马、旗鼓、乡正、厅隶、仓司等许多名目，并经常折成实物交纳，所以农民负担仍然较重。

农林与畜牧 辽代，幽燕地区的农业比隋唐五代时有很大发展。中华人民共和国成立后，在北京的顺义、通州、怀柔、昌平、房山等地出土了辽代的大量农具，有铧、犁、长锄、镰刀、齿轮、铁镐等，说明辽燕京的农业生产水平较前代有很大提高，发展速度很快。

燕京地区农作物种类非常丰富，稻麦桑麻，瓜果蔬菜皆有。其中，最多的是水稻和小麦。辽初，由于战争很多，辽朝怕稻田畦布会影响军马行进，曾多次下令限制种稻，但民间种稻依然很多。燕京地区林木果树很多。由于山间植被丰富，水土保持甚好，山南地带，多种杂树和果木。果树的种类有桃、李、杏、柿、枣、栗等。其中，产量最多的是栗子。文献中关于南京生产栗子的材料很多。当时，无论是官方还是民间，都有大量种植。由于栗子产量很大，辽朝政府特地在燕京设立专门机构管理栗子的生产，称"南京栗园司"，负责栗子的栽培、加工、销售和税收等事务。今北京地区有些以"栗园"命名的村庄，多是辽代遗留下来的。

燕地区多山，气候比较湿润，山间草木繁茂，是理想的游牧场所。每到冬季，契丹牧民往往赶着牛羊到燕山南部的阳坡上避寒过冬。辽初，为了战备，"常选南征马数万匹，牧于雄、霸、清、沧间，以备燕云缓急；复选四万，给四时游牧"（《辽史·食货志》）。至于民间零星饲养的牛、马、驼、羊，数量也很大。契丹原是畜牧和游猎相间的民族，占领中原后仍保持狩猎的习惯。燕京地区山林很多，野生动物资源还十分丰富，虽不是主要生活来源，但却是贵族们享乐的必需品。因此，狩猎活动仍然很多。

手工业 燕京的手工业行业很多，每个行业又有许多作坊，作坊的首领称作"作头""都作头"。其中，最兴旺的首推丝织业。

燕京古代多水泊，桑喜水，故种植很多，为蚕丝生产提供了丰富的资源。辽朝当时向各地征收"盐铁钱"，燕京的盐铁钱却可以折成绢匹缴纳，足见丝织业所占的优势。燕京手工艺人学习中原技术，水平不断提高，燕京工艺受此的影响很大。辽宋时期，双方每年互赠礼品，在辽朝送给宋朝的礼品中，后期丝织品种类及数量都不断增加。辽代瓷业已有相当高的水平，燕京地区是重要瓷器生产地之一。1975年，北京门头沟龙泉务村北发现一处很大的辽瓷遗址，证明燕京生产的瓷器已与定瓷水平十分接近。辽代盐业发展较早，朝廷十分重视。

商业贸易 燕京城内，除了众多的商业店铺之外，城北有专门进行大批商品交换的大市场，是全城的贸易中心。《契丹国志》记载："燕京析津府，户口三十万。大内壮丽，城北有市，陆海百货聚于其中……蔬蓏果实、稻粱之类靡不毕出。而桑柘、麻麦、羊豕、雉兔，不问可知。"燕京地处辽宋交界之地，两国在此贸易量比辽朝内部贸易量还要大。交易方式，首先是官方的榷场，其次是商人的私人交易。

交通运输 通往草原的交通线，历史上由中原沿太行山东麓北上，到达燕京后有三条通向各地的大道。一是出居庸关至云朔地区和西北高原；二是自古北口通向草原东部；三是出榆关（今山海关），穿越辽西走廊，通往松辽平原。辽代，这几条道路仍然使用，尤其是中路，是燕京通往中京和上京的必由之路。在辽宋和好后，双方每年互派使节，辽朝有意开发了这条道路，在沿途设立许多驿馆。宋人北上一般自雄州入境，过白沟后经新城、涿州、良乡到燕京。燕京城南有碣石馆，辽宋议和后改永平馆，专门接待使臣。然后出燕京北上，东北行三十里至望京馆（又称孙侯馆），今朝阳区京密公路上有大望京村、小望京村，当是辽代望京馆之所在。再行四十里至顺州（今顺义），又行七十里至密云馆。再北有金沟馆，现已没入密云水库之中。然后出古北口，沿今承德至平泉的公路而行，又向东北，至辽中京，再从中京去上京临潢府。沿途除正式驿馆外，馆与馆之间有"中顿"，驿馆内有专门接待使者的官吏、设备、驼马和车辆。有的驿馆附近还有类似中原的客店、铺舍。这条路线许多段落大多与现代的公路、铁路线相吻合，说明古代选择交通线路很注意地理形势，对现代交通建设有重要的借鉴意义。

另有新开的路线是从燕京至炭山。由燕京西北行，出居庸关向北，经雕窝馆（今雕鄂）、赤城口、望云县，再向北即至炭山。这条线路，便是元代由大都至上都开平的御道南段，也是现在由北京去沽源的公路线。至于去鸳鸯泊，有两条线路，一条由炭山向西，在草原上行走，横穿坝上地区至鸳鸯泊。另一条由现在的京包线至张家口，再向西北上坝。由张家口至鸳鸯泊的一段，即近代张库公路的南段。

燕京地区虽是辽朝粮食产量最大的地方，但由于战事很多，又驻有大批政府官吏和常备军，本地粮食仍然不敷应用。为接济燕京，常由西京大同府和东京辽阳府运粮。从东京运粮主要走海路。海船由今锦州一带入海，沿渤海西岸南行，至今乐亭以南滦河口靠岸，然后进入运河。这条运河大体沿曹操所开"新河"西去，经宁河、宝坻、香河到潞县（今通州）。到潞县后，分两路，一路沿潮白河北上至顺州供军需；另一路径西行，至燕京城北护城河在今白云观一带卸载，供燕京军民。这条运河，就是历史上传说的萧太后运粮河。

辽燕京的文化

"学唐比宋"和燕京的儒学 "学唐比宋"是辽朝的口号和目标，燕京则是直接学习汉族文化的样板和实习场所。辽朝许多重大文化变革，往往首先从燕京开始。辽朝许多开国元勋是幽燕地区的旧官吏，都是幽州地区人。正是他们依照中原地区的经验，帮助阿保机建造都城、设置官员、制定礼仪和法律，与契丹人一起建立起一个强大的军事奴隶制王朝。也是他们不断促进北方与中原相互交融，使辽朝进一步向封建制度转化。如果没有大批幽燕汉人进入契丹，并带去先进的中原文化，不可能有辽朝的迅速兴起。

辽朝建国初期，注意从儒学中吸取中原传统的政治经验。随着燕云地区进入契丹和辽朝社会封建因素的增加，儒学日益提高了地位，燕京地区的儒学和科举制度也很快得到恢复和发展。保宁八年（976），辽朝下令恢复礼部贡院。后来，又在南京设立太学。圣宗统和十三年（995），下令赐"水碾庄一区"为太学生之资助。

开泰四年（1015），圣宗在南京以"一箭贯双鹿"为题，亲试举人。太平五年（1025），辽朝在南京设考场，一次便选取七十二名进士。

随着辽宋关系的和缓和友好往来的加强，宋人著述也大量流入燕京。

燕京的佛教和寺院　辽代燕京僧居佛寺冠于北方，大的寺院就有三十六座，中小寺院不计其数。燕京佛教兴旺与辽朝本身的政治文化状况有直接关系。太祖、太宗几代大事征伐，连年鏖战不已。燕京地处战争前沿，人民首被其患。辽朝统治者不得不大力提倡佛教，以缓和人民的反抗情绪。加之辽朝文化比较落后，接受佛教比学习儒学感到更容易，这些原因结合起来，造成燕京佛教的大发展。朝廷不仅大力提倡，大建寺院，大作佛事，有的皇帝还亲自讲经。许多寺院是在皇家直接支持下兴建起来的。辽朝还在白带山云居寺大刻石经，由官方直接管理并拨款续刻佛经。从圣宗开始，中经兴宗、道宗，直至天祚帝，刻经活动一直持续不断。辽朝还刻印了大藏经，称为"契丹藏"。由于刻印经书活动规模很大，推动了燕京印刷业的大发展。辽代许多高僧不仅精通佛学，还是史学家、文字学家，具有多方面的学术造诣。

燕京地区各族文化的融合　辽代的燕京是各族人民混居杂处之地，不仅北方各族人民通过这里学习了汉族文化，汉族人民也由于长期与北方各少数民族共同生活，不断吸取着新的文化营养。燕京地区受北方民族影响最大的首先是服饰和风尚。中原地区古代多为宽衣广带，而北方民族服饰则尚轻便。契丹人服装简便，左面开襟；头发则剃去一部或大部，其余散披。燕京地区的许多汉人逐渐学习了这种习俗。北方民族的饮食习惯也逐渐影响着燕京的汉族居民。古代，中原多谷物、瓜果、蔬菜，肉食仅为辅助。北方人民则以肉食、乳酪为主，契丹人大量进入燕京地区，改变了燕京居民的饮食成分。在文化娱乐和体育活动方面，契丹人的风俗也流传到燕京。如骑马、射箭、击球、角觗（类似现在的摔跤运动）等，都曾盛行于辽，一直到金、元时不衰。辽代，古北口以外为奚族居住地，奚族人善于制车，称为"奚车"或"韬车"，大量传入燕京。较中原车辆灵便，常以驼、马、牛驾驶，既可载物，又能乘人。富裕人家还在车上加豪华帐幔，称为"青幰车"。地方文献中有"万里河山有燕赵，一代风俗自辽金"的说法。

金代的中都

金初占领下的燕京和北宋燕山府

辽天祚帝天庆四年（1114）八月，女真首领阿骨打发动抗辽斗争，败辽兵于宁江州（今吉林扶余东南石头城子），并创建了猛安谋克制度。翌年（1115）正月，阿骨打即皇帝位，国号大金，建元收国。北宋即起意联金灭辽，收复陷辽的燕云十六州。北宋徽宗政和元年（辽天庆元年，1111），宋与金相约攻辽。1120年（北宋宣和二年，辽天庆十年，金天辅四年），约定宋、金出兵夹攻燕京（辽南京）；待灭辽后燕地归宋，而宋将原来每年交辽朝的"岁贡"转奉于金，是为金宋"海上之盟"。1122年（北宋宣和四年，辽保大二年，金天辅六年）五月，宋军两次伐辽失败。金军攻占燕京。

金军占据燕京后，宋朝索取"海上之盟"所定归还的燕云旧地，并要求金朝割让平、营、滦三州。金军拒绝割让三州，谴责宋朝未如约夹攻辽朝，并提出宋朝若要收回燕云旧地，除将原缴辽朝的"岁贡"转纳金朝外，每年复缴纳一百万贯，以代燕京赋税。腐朽的宋朝君臣，只求收地以建所谓"不世之功"，对金朝的种种苛求竟全部应允。1123年（金天辅七年，宋宣和五年）四月，宋金始就交割燕京等地达成协议。金军退兵时，大毁诸州，并将燕山城壁、楼橹等要害之处皆平之。同时，尽括燕山金银钱物，民庶、寺院一扫皆空。又尽徙旧辽官吏、工匠，以及燕京诸州县财产一百五十贯以上的富户三万余家，由松亭关东去。宋朝实际得到是一座空城。宋徽宗将燕山以南之地置燕山府路，并将所属诸州尽改新名。燕山府路辖一府九州三十县。除涿、易二州七县原为宋军所占，平、营、滦三州仍属金朝外，金人归还之地，实只为燕山一府，檀、顺、蓟、景四州。北宋改燕京为燕山府，改郡曰广阳，领十二县。燕山府之析津、宛平、昌平、良乡、潞、漷阴、玉河、都市（赐名广宁）、檀州之密云、行唐（赐名威塞）、顺州之怀柔等县，均在今北京市境内。天会三年（1125）十二月，金军再次占据燕京城。宋朝以几十万大军及巨额财宝换回的燕山府，维持了不到三年，转瞬间丧失尽净。

1126 年（金天会四年，北宋靖康元年）正月，金军渡黄河，围困汴京（今河南开封）。金军提出苛刻条件，要宋交纳金五百万两、银五千万两、牛马万头、缎百万匹，并以亲王、宰相作为人质，割太原、中山、河间三镇归于金国。对此，宋朝竟无条件全部接受。同年八月，金兵经半年休整，再次出兵伐宋。闰十二月，攻破汴京，宋钦宗出降。天会五年（1127）二月初，宋徽、钦二帝及后妃、宗室大臣等陆续被押至金营；五月，徽宗至燕京，因于延寿寺（今北京和平门外偏东南延寿街处），随行宗亲、大臣等一千八百多人，则被关押在仙露寺（今北京西城区菜市口西）。七月，钦宗由云中送至燕京，因于悯忠寺（今法源寺）。十月，宋徽、钦二帝自燕徙于中京，又徙于上京。此后多次迁徙，备受凌辱，最后死于五国城（今黑龙江依兰）。

金太宗天会三年（1125）十二月，金军克燕京后，即将设在平州的枢密院移置于燕京，燕京成为金朝在河北地区的重要统治中心。天会十三年（1135）正月，金太宗完颜晟死，其孙完颜亶即帝位，是为熙宗，实行文治，按汉地体制改革了金王朝的中央政权机构。天眷元年（1138），在燕京设立行台尚书省，代替了原来的枢密院，又任命了燕京内省使、燕京马军都指挥使、燕京都曲院同监、都监等政治、军事、税收经济诸方面的官员。

太宗天会四年（1126），金征发燕山等八路民兵隶属万户府以伐宋。天会九年（1131），又大起燕、云民兵北伐曷董城，并征调民夫随军运粮，行程三千余里，死不胜计。天会十三年（1135），复征燕、云两路民夫四十万，伐木造舟，准备南伐。由此造成"百姓大困，啸聚蜂起"的动乱局面。金统治者与广大人民群众矛盾相交织的同时，统治阶级内部的斗争也日趋激烈。皇统九年（1149）十二月，完颜亮纠集亲信，发动宫廷政变，杀金熙宗夺取帝位，改元天德，谥号海陵王。

金代中都的建立与终结

金主完颜亮深受中原文化影响，好读书，喜与儒士交往。登上皇位后，进一步加速了金王朝的封建化过程，其中一项最重要的措施，就是把作为王朝政治中心的国都从东北女真族聚居的上京，迁移到了中原汉民族聚居的燕京。天德三年（1151）闰四月，海陵王派尚书省右丞相张浩等主持扩建燕京城，扩建皇城及宫城，营造苑囿。贞元元年（1153）三月，正式迁都。改燕京为中都，号称大兴府。燕京开始成为金王朝的统治中心，也就是北半部中国的统治中心。北京地区的历史，由此过渡到一个全新的阶段。随后，海陵王又将祖先的陵墓迁葬到金中都西面的大房山麓，还将东北的诸多女真贵族及民户迁移到中原地区。

金中都建立后，自建为一路，其下设有大兴府，辖有直属的九县一镇，及通、顺、蓟、涿、易五州。其地域范围，略同于辽析津府、宋燕山府的规模。此后不久，行政区域扩大，将辽东的平、营、滦三州合为二州，划归中都路；又将南面的雄、霸、保、安、遂、安肃诸州，划入中都路。全路共有一府、十州、三节镇，及其所属四十一县，形成完整的路、府、州、县四级地方行政机构。作为皇都，金朝廷又设置了一些专门机构，如警巡院、巡检司等，以负责都城及周边地区的治安工作；都转运司、都商税务司等，负责有关经贸工作。根据《金史·地理志》《食货志》的有关记载推算，章宗泰和年间（1201—1208），中都地区共有二十五万余户一百六十多万人。其中，中都城市居民约六万余户四十万人。

海陵王迁都之后，一心要吞并南宋，统一天下。金中都建立不久，即征调大批人力、物力，修建北宋旧都汴京宫殿，准备将都城再次南迁。同时，征调大批民众，日夜兼程，制造各种军用物资，为南征作准备。这些违背百姓意愿、造成社会动荡的暴行，遭到朝中多数大臣、女真贵族，以至广大民众的反对。正隆六年

（1161）十月，时任东京留守的金太宗之孙完颜雍，在金军拥戴下即位于辽阳，改元大定，庙号金世宗。世宗历数海陵王过恶，废其皇位。正在伐宋前线的金军将领得到信息后，发动兵变，将海陵王弑杀于扬州，然后撤军。

大定元年（1161）十二月，金世宗从辽阳抵达中都，正式即位称帝，仍定都中都。金世宗针对海陵王统治时期造成的经济凋敝、民生困苦、反抗四起的危难局面，采取弛缓社会矛盾、恢复生产、安抚人民的措施。首先提出与南宋讲和、中止战争，恢复金宋和平局面。随后采取相应的恢复经济、社会安定措施。大定二年（1162），诏令赦免寺院拥有的"二税户"为民，禁止寺院隐匿劳力，补充农耕，同时严禁各种工役占用农业劳力。大定五年（1165），对中都郊区拥有大量土地的猛安谋克户不自耕种及破坏农业生产的行为，命大兴府严查，其后又不断下诏查究猛安谋克户占田不种的现象，严厉处置。采取抑制权贵侵占土地的措施；招抚流民复业，由官方给予土地耕种，以及经常实施灾年赈济等。金世宗本人还经常到中都近郊观稼和督修农田水利。朝廷广开言路，严惩贪官，诏令朝中官吏奏陈民间利弊，并允许民众上书言事。严禁官吏、亲贵违法害民及处理案件违法徇情；严禁官吏馈献权要牟利；严惩官吏贪赃枉法等。金世宗积极引进中原先进文化，强调在保留女真旧俗的前提下，大力提倡和引进汉族经典书籍，并译成女真文字在中都广为传播。同时，开办各级各类学堂培养人才；多次开科取士，谨慎选拔官吏等。

大定二十九年（1189）金世宗死，其孙完颜璟（金章宗）即位，继承金世宗的施政。登位听政之初，即令学士院进呈汉、唐便民事例以资取法，又令注重当今急务，开启旧尝锁户的登闻鼓楼以达冤枉。章宗明昌年间（1190—1196），多次命令放奴为良，抑制强族及官吏私相交往作恶，并对违背者予以治罪；重视农桑，奖励丰收，抑制僧道以减轻百姓负担；继续提倡办学与选拔人才，广设科举，并宣扬中原文化；讲究德治，严惩贪官，提倡廉洁奉公等。史称其时"宇内小康，乃正礼乐，修刑法，定官制，典章文物粲然成一代治规"。又认为章宗"有志于治"，"盖欲跨辽、宋而比迹于汉、唐"（《金史·章宗纪》）。

泰和八年（1208）十一月，金章宗病故，其叔完颜永济联合朝臣谋位而立，是为卫绍王。在位五年，被金将胡沙虎发动政变，攻入皇宫后杀死，迎立金章宗之兄完颜珣至中都即帝位，改元贞祐，是为金宣宗。当时，蒙古军陆续攻占中都城外各重要城镇，包围中都，于粮断无援的困境之中。贞祐二年（1214）五月，金宣宗不顾朝臣劝阻，决意南逃，下诏迁都汴京。同时，派都元帅完颜承晖、左副元帅抹捻尽忠共同辅佐太子完颜守忠留守中都城。贞祐三年（1215）五月，中都为蒙古军所陷落。

中都城的扩建与规制

天会三年（1125）金军再次占据燕京城之后，基本上保持了辽、宋时期城市原有的建筑规模，天德元年（1149）海陵王刚即位时，就着手对燕京的修整。逾二年，决定迁都扩建后，派人到汴京去考察、测绘了城池宫室的建筑图样，作为修建新城的参考。同时，征发民工八十万人、兵工四十万人服役，兴修中都新城。

新建的中都城，一般认为共三层，里面一层为宫城，又称内城；中间一层为皇城；外面一层为都城，均有城墙护卫。另有的学者认为，都城外面还有一层大的郭城。如果这样，金中都城实际上形成了四层城墙。宫城和皇城的基址因辽南京子城之旧，都城的城墙却向东、西、南三面各展宽约三里许。新建都城，东垣大约在今北新华街西边的翠花湾转角处往南，经大沟沿胡同、魏染胡同、潘家胡同、黑窑厂街，至北京南站南的四路通一线。南垣在今四路通往西，经菜户营、石门、祖家庄、万泉寺，至凤凰嘴村金中都城垣遗址一线。西垣在今凤凰嘴遗址往北，经三路居、马连道，至羊坊店东南角一线。北垣在今羊坊店东南角往东，经会城门、西太平街、东太平街、受水河胡同，至翠花湾一线。这中间有些地方可能出现偏斜，并非完全笔直。

78 / 北京史略

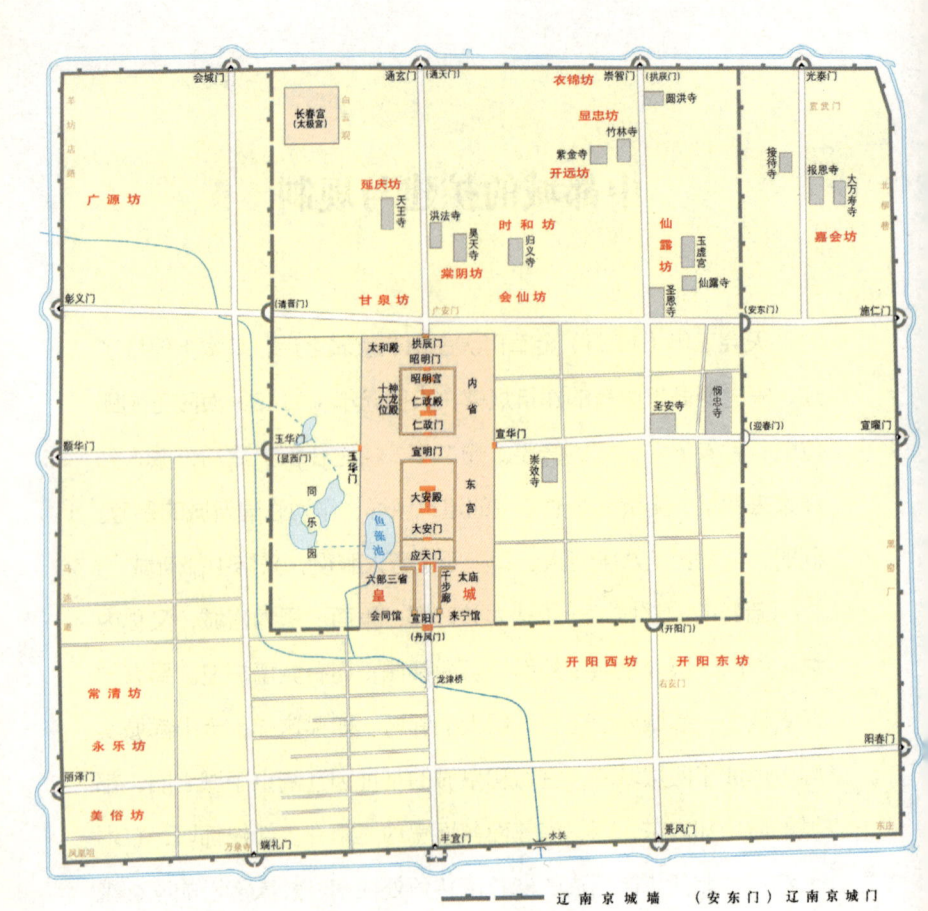

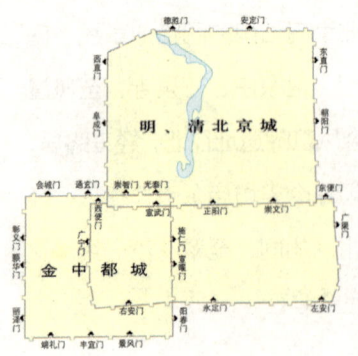

金中都 大定至贞祐年间（1161—1215）

明代初年，官方测量的数据记载，金中都城周长为五千三百二十八丈。20世纪50年代，专业工作者又做过一些勘测，有的可折合为三十七点三八里；有的可计为三十三点九三里，与明代的测量数据相差不大，约为三十五里上下。至于都城之外的郭城，《大金国志》中记载："都城周围，凡七十五里"；"大城污漫，凡七十余里"。但过去的研究者一般把它解释为"三十多里"的"笔误"。

金初的燕京城开八门，新扩建的中都城增为十二门。东、南、西、北每面分三门，一正两偏。东城墙北起为施仁、宣曜、阳春；南城墙东起为景风、丰宜、端礼；西城墙南起为丽泽、颢华、彰义；北城墙西起为会城、通玄、崇智。金世宗大定中期城东北建成大宁宫，为往返该行宫之便，又在北城墙东端开一门，定名光泰。这样，金中都便开有十三门。

中都城内的街道分布，大多为东西、南北方向。都城的十三座城门，每座城门内都有与城门同名的街道。都城以内、皇城之外，还有呈"井"字形的两条横穿东西和两条纵贯南北，并且连通四对对应偏门的大道。中都城的居民以坊为单位划分，其中一部分是辽南京遗留下来的坊，坊有坊墙和坊门。中都城扩展部分的坊一般没有围墙，往往是一条或几条街巷即划为一个坊。

金中都的皇城，是在辽燕京宫室旧址上兴建的，周长九里三十步。正南门为宣阳门，门南为龙津桥，桥南则是都城正南的丰宜门。皇城东西相对又有二门，东为宣华门，西为玉华门。皇城最北端也开一门，称拱辰门。进宣阳门，过千步廊，则为宫城正南的应天门（原称通天门）。进应天门，即为宫城内最主要的建筑大安殿。大安殿后，过粹英门（一作集英门），为皇太后居住的寿康宫。大安殿东北，为皇太子居住的东宫；西北侧是嫔妃居住的十六座宫殿。宫城最后，过仁政门，为仁政殿。殿旁有二高楼，称东、西上阁。

金中都还建有太庙、社稷坛、郊坛及日月诸坛，在城郊外建有东苑、西苑、南苑、北苑、万宁宫、建春宫多处园囿、行宫。有的宫苑还与寺院相连。金章宗时，在今西山一带建有八处行宫，故有"章宗八院"或"八大水院"之称。贞元三年（1155），在中都西面大房山地区的云峰岭旧庙云峰寺处修建宫室。海陵王亲临驻跸督工，当年完成陵墓三座（金太祖、太宗、德宗）。随后，又将开国前十位祖先的帝灵迁来，安葬于后世称为"十王坟"的地方。金世宗大定二十一年（1181），封大房山山神为"保陵公"，岁时奉礼；后又为陵区设县，称万宁县，章宗时改奉先县。金章宗时于大房山主峰上建崇圣宫，陵区入口处建磐宁宫，作为游玩、休闲之所。金代兴建的这些苑囿、行宫，在金亡之后多已不存。但无论是在城池宫殿建筑，还是城郊山水园林开发方面，都为后来明、清时期北京地区的建设打下了基础、积累了经验。

金中都的经济发展

农业、治水　金中都的农业生产规模，较宋、辽旧况有新的发展。金代已很注重农业耕作技术，播种、犁锄和收割时，都讲究一定的操作方法。除小麦、稻米等粮食作物以外，对于蔬菜如茄子、萝卜、葱、蒜等栽培技术也都能熟练掌握。金廷对种桑颇为重视，曾制定法令强制农村种桑，规定栽桑树的面积必须占土地的三分之一。中都郊区桑园很多，养蚕业也很发达。铁制农具的使用数量很多，种类齐全。今北京房山区焦庄村发现的金代铁器窖藏中，就有锄、镰、镐、铧、斧、叉、铡刀等铁制农具十余种四十余件。

金代中都地区的地表水源相当丰富，大小河流纵横交错。金世宗大定十年（1170），群臣建议治河以兴漕运，自燕京西麻峪村，分引卢沟一支东流，穿西山而出，谓之"金口"。金口水流经中都城北，直达通州，经两年完工。后来因地势高峻，水多泥沙而无法行舟。漕运虽然失败，但金口水流灌溉中都城北的沿途广大农田却成效显著。金代，随着社会人口的逐渐恢复和增长，在土地的开垦和水源的利用上也有发展。中都城东北大宁宫以东地带，河流众多，开辟出大片稻田，并利用白莲潭（今积水潭）、高粱河建立溉田渠网。城西直至孟家山（今石景山），也开辟出大量水田。金章宗明昌五年（1194），曾诏令诸州县沿河开渠，灌溉农田。还时常令官方召集农民开渠种稻，并用免税的办法予以奖励。

手工业及印刷、采矿业 金中都集中了南北各行各业的工匠，许多人手工技艺高超，其制品堪称精美的工艺品。日用手工业品的种类繁多，五花八门，应有尽有。不仅盛产棉织品，还大量生产丝织品。燕东平州的绫织品，燕南涿州的罗织品，皆被列为贡品；所制衣物样式华丽，图案复杂。酒的酿造业很发达，官方、私人争相造酒，许多名酒如金澜酒、流霞酒专供宫廷及上层人士消费。出行用的车具造型各异，装饰优美、豪华，大型御辇车厢内还设有床，制工灵巧，舒适可用。生活日用品中的桌椅、鞍辔、伞扇及各种陈设物品，都制作得十分精致。金属加工制作在中都相当发达，专供宫中使用的金银器件均由尚方署制造，另有不少生产金银器具、饰品的私人作坊。铜的加工制造在中都也很发达，所产铜钱、铜镜、佛像、钟磬、器皿等种类广泛，并有一定技术水平。铁制农具、军器等制作皆有相当规模。中都的永丰库专司铁器制作，其下属镀铁院制造民用铁具，还有许多私人的铁匠炉、小作坊。中都设军器监，专掌军器制作，造军器于燕山西北隅。

金代中都印刷业也很繁荣。大量刻印汉文典籍，国子监兼办印刷，聚集了技术高超的雕字匠（刻活字）、工匠、作头等，分工细致，颇具规模。民间也有刻书作坊。由于刊印的需要，中都的造纸生产也有一定规模。户部下设抄纸坊管理造纸生产，专造交钞用纸，其他用纸则由民间作坊生产。

中都采矿业历史悠久，大兴府郊区密云地方有金矿开采。银矿的开采主要是在中都西南的奉先县（今北京房山区）界内，煤的开采比较广泛，中都城已用煤做燃料及取暖，其产区大部分在奉先县山中，少数在西部。铁矿的开采在斋堂（今属北京门头沟区）。

商业贸易 中都作为皇都之后，城内集聚了众多官吏、贵族等消费群体，促进了商业的兴旺发达。从食品、衣着、用具到奢侈品，大多是通过交换进行供应。城内外的手工业产品也都投入市场交易，周边城镇如涿州、宝坻等都成为贩货入城的门户。中都成为商业中心，所有商贸活动集中于北部城区的商市。朝廷对商市的管理十分重视，在中都设市令司，掌握平抑物价，监察度量、权衡之违规和百货质量。同时，设都商税务司，专管征收商税。大定年间，中都商税岁获十六万四千四百四十余贯；承安元年（1196），岁获二十一万四千五百七十九贯。

为了保证国家在商贸交易活动中的收入，金廷将获利高的商品列为"榷货"，即官方专卖品。这首先是盐、酒的管制与专卖，还有曲、茶、醋、香、矾、丹、锡、铁等。盐有灶户，酒有酒坊，经官府指定晒盐、酿酒，并由官府征税。除前述十种商品外，其他为非专卖品，包括粮食、衣物、日用杂货，等等。这些商品的贸易量极大，利润丰厚，吸引着商人，甚至一些高级官吏在中都从事商贸活动。大定十三年（1173）曾命有司在中都城设置当铺，称为流泉务，专营典当之业。章宗继位后曾罢之，转年复设。金初的燕京诸大寺院，即多设质坊，以经营高利贷，盘剥百姓。

金朝初期，货币流通皆为宋、辽旧钱。海陵王建中都，始造钱、钞。贞元二年（1154），置交钞库，设使副员，掌管诸路交钞及检勘钱钞换易、收支之事。正隆三年（1158）二月，在中都设立宝源、宝泉二钱监，开始铸造"正隆通宝"铜钱。至此，金朝有自己的钱、钞。此后，钱、钞并行，直至金亡。

交通运输 金初定都于上京，据宋人著《金虏图经》载，燕京至上京会宁府（今黑龙江阿城南白城子），陆路长达二千七百五十里，共设铺寨六十余所。其中，自燕京至榆关有十八站，多设于县邑之中。自榆关北上，有近五十站，每站之间相距多则70里，少则20里。海陵王建中都，金朝统治重心南移，中都通向南方的陆路交通变得日益重要。据《金虏图经》载，中都至南京开封府陆路1310里，其间镇铺共有40余所。铺间距少则10余里，多则70里，一般都在三四十里之间。自卢沟河上广利石桥（今卢沟桥）修成，南下交通线更为畅通无阻。

金中都的水路交通，主要面向南方。由中都城向东，有闸河五十里，引高梁河、白莲潭诸水直达通州，入于潞水（今潮白河）。潞水南流，合于拒马河，复西行，直达信安。自信安向南，数水分流，经御河、滹沱河、沙河、北清河等可达今河北、河南、山东的大部分地区。中都的水路运输，占据首位的当属粮食漕运。如世宗大定二十一年（1181），中都地区受灾缺食，诏沿河恩、献等6州粟黍百万余石漕运至通州，再辇转入京师。大定初，曾疏浚坝河河道拟用于漕运；后来从西山金口开渠，引卢沟水流经中都城北，达于通州，但最终均归于失败。章宗泰和四年（1204），纳开通州漕渠之议，弃卢沟水不用，另引白莲潭、高梁河为源，自中都直至通州，渠上置数闸以节水势，故又称闸河。金末，因河闸失于维修且水源不足，亦告淤废。

金中都的文教、科技及宗教

教育、科举 金代太学与国子学，都隶属于国子监。金初，为加强统治，曾屡行科举之法以收拢人才，但却无暇建立培养人才的学校制度。金熙宗时，始在燕京设立国子监，但只有虚名，并不设官吏。海陵王天德三年（1151）正月，初置国子监，才完善了国子监的机构。具体规定了学生的人数，词赋、经义生100人，小学生100人。入学的学生，都是皇室宗亲或权贵子弟。金世宗大定十六年（1176），又建立太学，除亲贵子弟150人可入学外，又增加各地考生250人，使学生人数达到400人，范围遍及全国各个阶层。

随着太学、国子学规模的渐渐扩大，生员的不断增加，各种教授、管理人员也有增加。章宗明昌二年（1191），增太学博士、助教员，学生的待遇也有提高。承安四年（1199），扩大太学规模，诏建太学于京城之南，修居室75处。并下令，凡是公卿子孙，以及全国各地能通一经以上的儒生，都被诏入太学。这时的太学，达到鼎盛时期。金代中期，特别是海陵王南迁后，中都地区的府州县学亦逐渐兴举。世宗大定十六年（1176）除在中都设太学外，同时在各地设立府学17处，共千人。大都路诸州县中，还有公私共同筹资修建的儒学。金代除太学及府州县学教授儒学外，亦设立医学之科，3年一次由太医考试，并在司天台培养专门的天文人才。

金朝的考试制度，分为进士与举人两大类，其试词赋、经义、策论中选者，谓之进士。金朝初年，多承袭辽朝旧制，考试无固定日期，只以考试地点称之，如沈阳榜、平州榜、真定榜等。太宗天会十年（1132），考试制度始有改善，设乡、府、省三级考试，乡中曰县荐，府中曰府解，省中曰及第。考试的科目，分为词赋和经义两科。乡试在各县，府试分为燕京、云中、汴京3地，会试（即省试）则集中到燕京。其后，海陵王又增加殿试一场。有金一代，词赋和经义两科考试，始终是选拔人才的主要途径。大定年间，世宗为了扶植女真文化，又特别设立策论进士一科，专考女真文学，并给予种种优待。金朝初年，只有进士一科。金熙宗即位后，又增专经、神童、法律三科，为杂科，亦设乡、府、省3试。海陵王夺位，又罢经义、专经、神童，只以词赋、法律取上。词赋为正科，法律为杂科。金朝还设有制举，以推荐为主、考试为辅的选拔方法，且为一时权宜之计，没有常制。金朝又有武举，始于皇统年间，也是乡、府、省的3级考试法。除考核骑马、枪刺、射箭等战斗技艺外，还要考问《孙子兵法》等军事名著。考试的成绩则分上、中、下3等。有金一代，通过考试而被政府录用的人很多，远远超过辽、宋，故后人有"终金之代，科目得人为盛"的评价。

科学技术 金朝初兴时,并无计时日、观天象的制度。太宗天会四年(1126)攻克宋汴京,得到不少宋朝的天文人才,以及观测天象、计算时辰的各种仪器。金廷把这批天文仪器和天文官吏都安置在燕京,设立候台,后来又建司天台为专门机构。在辽、宋天文观测的基础上,金朝创立了自己的历法。天会五年(1127),造《大明历》,天会十五年(1137)制成颁行。但由于宋历对北方金朝辖区并不完全适用,金世宗又命司天监赵知微重修《大明历》,大定十一年(1171)完成,颁行后沿用到金末元初。金中都精于天文的学者还编制成《乙未历》,卫绍王时,司天台参订过《太乙新历》,并著有《五星聚井辩》《勾股机要》《象数杂说》等天文、数理著作。

金代在前代农艺技术指导下,积累了很多生产实践经验,汇集成册,可惜均未能完整留传。如《韩氏直说》,是主要记述种麦等北方农耕技术的著作;元代初年所编《农桑辑要》一书中收录的著述,如《四时类要》《农桑要旨》《农桑直说》《种莳直说》《务本直言》《务本新书》等。

金代的建筑技术,达到较高水平。城池建筑雄伟、壮观,每座城门上都建有城门楼。东西南北每一面城墙开3个城门,当中的正门开列3座门洞,其上有门楼9间。还有宫殿建筑的壮丽、辉煌,主要体现在中都皇城的正门宣阳门,其有门楼9间,下开3门;宫城的正门应天门上并列11间建筑,下开5门。始建于大定二十九年(1189)的卢沟桥,历时三年建成,初名广利桥。

金中都遗址

今测桥长 212.2 米，合计两端引桥总长 266.5 米，宽 9.3 米。桥下有 11 个孔洞，各孔洞之间采用连续桥的结构方法，每相连的两孔都有一座共同的拱脚，使各拱结成整体。这样，桥每孔的承载都均布于各孔，防止破坏桥的结构。桥墩迎水面修成尖状，有利于分水；分水尖顶各安置一根上下垂直的三棱形铁柱，人称"斩龙剑"，用以迎击冰块，保护桥墩。背水一面作船尾状，水一流出券洞即可分散，以减少券洞内水流的挤压力。桥面两侧设 281 根望柱，279 块石栏板。每根望柱顶端雕有形态各异、栩栩如生的大小石狮子，总计数百个。每块栏板上刻有精美的花纹图案。东头两侧有伏地大石狮，西头两侧有伏地大石象，皆作头抵桥栏杆状，以防其外倾。整座石桥建造科学坚固，雄伟壮丽，堪称展示石雕艺术的长廊。

宗教 金初占领下的燕京地区，佛教在辽代盛行的基础上进一步发展。熙宗时，修复和新建了一批寺院，如大圣安寺、大万寿寺、大延寿寺、昭广禅院、修真院等。金世宗一面公开揭露假托释道，以妖惑人；一面加强对佛教的控制和严格管理。不仅从经济上取消了寺院享受"二税户"的特权，而且由礼部负责掌握僧尼剃度的时间和数量，并定期举行考试。大定、明昌年间，重修、扩建和新修的著名寺院有香山大永安寺、仰山栖隐寺、旸台山大觉寺等。其中，多与行宫相连，成为皇帝游乐休闲之所。还有不少由民间、名僧创办的寺院如报恩寺、寿福寺、福圣寺、资福寺等。金代初年的中都地区，佛教最有影响的一派是律宗，当时中都城内外名刹皆由律宗一派的高僧住持。原来辽代较为盛行的密宗、华严宗、净土宗等，在中都佛教界也有一定的影响，但随着南方来的高僧到燕地弘法传教，在这一时期发展最快、影响日益扩大的则是佛教禅宗。金末，禅宗已经取代律宗一派，成为中都地区佛教的主导，许多原来遵奉律宗的寺院都改遵了禅宗。

道教也是中都地区迅速发展的一种宗教。金代道教创立的派别众多，宗旨各异，直接影响到后世的传播。在中都地区的主要派别有太一道、真大道、全真道。

元代的大都

蒙古攻占中都及其对燕京的统治

蒙古统治下的燕京　1206年（金章宗泰和六年，南宋宁宗开禧二年，蒙古成吉思汗元年）春天，全蒙古的贵族集会，推举铁木真为全蒙古的可汗，号"成吉思汗"（意为海洋般的大汗），建立蒙古国家。1211年2月，铁木真在驻地克鲁伦河畔誓师伐金，亲率精兵南下。1214年，开始围困中都城。1215年（金贞祐三年，宋嘉定八年，蒙古成吉思汗十年）5月，中都陷落，蒙古军入城，进行残酷杀戮和掠夺，金朝的皇宫被大火焚烧殆尽。此后将中都改为燕京，至元世祖中统元年（1260）的46年间，燕京地区是属于蒙古国的一个行省。整个国家的重心，则在蒙古大草原。

蒙古政权创立之初，燕京由断事官负责管理，其主要任务是处理奸盗、诈伪、婚姻等事。后又设立行尚书省，亦称行台，管理汉地有关事宜。行台长官由蒙古中央派达鲁花赤充任。还仿照金朝制度，设置了燕京留守兼任行政长官。1217年以后，充任大断事官的有契丹人石抹明安、石抹咸得卜父子和耶律阿海，色目人牙剌瓦赤、赛典赤，蒙古人不只儿。色目人牙剌瓦赤在燕京任行政长官时，"惟事货贿赂"，事无大小，均伸手要钱，横征暴敛，使人民无以忍受，连人身安全也没有保障。燕京社会秩序的混乱，引起人民的不安和统治者的关注。后经耶律楚材、赛典赤等较开明官员的治理，燕京虽没有完全恢复到金中都时的状况，也使燕京的社会较战乱时有所改善，为蒙古的定都燕京打下了一定的基础。

大都城的建设 1260年（蒙古忽必烈汗中统元年、宋理宗景定元年）3月，忽必烈夺得政权。废选汗旧制，称帝于开平。5月，建元中统。当时，政治中心设在开平，后称上都，但忽必烈却积极营建燕京。至元元年（1264）八月，下诏将燕京改为中都，府名仍为大兴。忽必烈诏自己的重要谋臣之一刘秉忠到中都燕京修建宫室，为迁都作准备。次年，营建工程正式开始，经刘秉忠等人勘察，选在原中都旧城的东北，以金朝离宫太液池琼华岛水系为中心，筹划建城。至元四年（1267）正月开始破土动工，四月，新筑宫城。翌年十月，宫城成。至元八年（1271），始建大内。次年（1272）二月，改中都为大都，并定为元朝的首都。原开平改为皇帝消夏的行都。至元十一年（1274）正月，宫阙成，忽必烈在正殿接受诸王百官朝贺。至元十三年（1276），城内的主要工程完工。至元二十二年（1285）以后，皇室、贵族、衙署、商铺相继迁入新城。

对新都城兴建工作负总责的刘秉忠对大都城的规划，遵循前朝后市、左祖右社的布局，把主要的机关中书省安置在皇宫西北方的凤池坊，把御史台安置在西北面的肃清门内。

大都城为南北长的规则长方形，南墙在今东西长安街偏南，北墙在今德胜门外土城遗址一线，今小月河即在原大都北护城河旧迹河道上疏通修成。东、西墙与明、清的砖城墙基本相合。城周今实测为28 600米。《元史·地理志》称：大都"城方六十里，十一门"。东、南、西三面均开3门,北面开2门。东自北向南为光熙门(今和平里东曾有光熙门村)、崇仁门(今东直门)、齐化门(今朝阳门);南有丽正门居中(今天安门偏西南),顺承门居右(今西单南),文明门居左(今东单南,又称哈德门、海岱门);西自南向北为平则门(今阜成门)、和义门(今西直门)、肃清门(今北京邮电大学附近小西门);北有健德门(今德胜门外小关)在西,安贞门(今安定门小关)在东。城墙全部用土夯筑而成,今实测墙基厚24米。为了减少雨水对城墙的冲损,元朝廷又专门在城的四周设置了苇场,征收苇席,用于防护城墙。

皇宫与苑囿 在大都城内,最主要的建筑是皇宫。整座宫殿群矗立在都城的中央位置,皇城之内,分为两大部分。其主体部分是宫城,是以正殿大明宫作为主体建筑,从大明宫向前,穿过大明门、丽正门一线,构成整个都城的中轴线,突出了皇权至上的主题。皇宫内的另一主体部分是苑囿,沿用了金朝原有的格局。在宫城的西面,万岁山和太液池相互掩映,湖光山色构成了另外一种情趣。其整体布局,则是参考了北宋汴京和金中都的宫殿模式。

大都城的街道宽阔笔直,主要街道的两旁,开挖有排水沟渠,有的沟渠上面,还铺盖着石板。道路两旁种植树木,对于绿化都市环境、保护路基,都起到很好作用。在主干道两旁,排列着整齐的胡同。因为新建的大都城废除了旧有的坊墙,居民可以从胡同(即坊巷)里直接走到大街上来,不再受到高大的坊墙的阻隔,遂使城市内的交通更加便利。新建的大都城被划分为49个坊,有的坊名,沿用很长时期,如保大坊、明时坊、凤池坊、时雍坊、

元大都 至正年间 (1341—1368)

日中坊、五云坊、澄清坊等；还有些坊名，则没有多久，就被加以更换。元朝末年熊梦祥撰写《析津志》时，所记载的大都城的坊名，已有30个被更换。到明、清时期，仍有元代的坊名在使用。

元大都的政治生活

全国政治中心（首都）的形成与建立 至元八年（1271）十一月，忽必烈正式将国号改为"大元"，盖取《易经》"大哉乾元"之义，年号"至元"也源于《易经》的"至哉坤元"。国号的建立，标志着元朝的正式建立。忽必烈早年受到汉族文化教育，取得王位的基地就在燕京。推行汉法以后，必然会改变落后的游牧经济生活及落后的管理方式，从经济发展的需要，也要求政治中心转移。从军事角度考虑，燕京历来是军事重镇，有天然的军事要塞。北方少数民族强大以后，南进中原，均以此为大本营。契丹把燕京作为陪都，统治了拒马河以北的中国。女真建燕京为中都，统治了半个中国。忽必烈将国都从上都迁到燕京，大都成为全国的首都和政治中心。

建都后，中央统治机构均设在大都。中书省为最高行政机关，管理全国政事，其长官称为中书令，常以太子兼领，位在一切臣僚之上。其次为左右丞相、平章政事、左右丞、参政及参议中书省事。枢密院与中书省分掌军事及政务，另于各用兵之处设行枢密院。所统禁军有前后左右中五卫,各置都指挥使、佥事、镇抚所、千户所,名为禁军,实为地方军性质。这些禁卫军多部署在大都周围,"列置诸营,环拱京都"。在大都周围分立屯田,既能保卫京都安全,又能及时调兵征讨四方。御史台为全国最高监察机关,负责监督官吏的政绩。负责劝课农桑的司农司、掌管西藏佛教事务的宣政院、管理工匠事务的将作院、负责全国驿站的通政院等都设在大都城。

大都路的政区与设置 大都路的政区划分,经历了逐渐变更的过程。蒙古军攻占中都城之后,将其改称为燕京,所辖仍然是大兴府,其辖区大致略小于金代的中都路,计有直辖10县1镇及11个州,此后,稍有调整。到忽必烈定都于此,大都路的政区有2个院(即左、右警巡院)、直辖6个县(即大兴、宛平、良乡、永清、宝坻、昌平)、9个州(即涿州、霸州、通州、蓟州、漷州、顺州、檀州、东安州及固安州),各州之下又辖有15个县。

元代中期,大都路的辖区有所扩大,共辖有2府3院12州31县。就其总体面积而言,小于金中都路,且减少的部分又主要是都城南面的富庶州县。就其辖区的总体范围而言,与中都路相比有明显北移。

大都路的行政建置,主要的政权机构分为路、府、州、县4级,各县之下,又划分为若干坊里、乡村,城中的坊里内,又分为若干巷(又称胡同),皆设有官吏负责管理日常的民政事务。如大都路之下设有大兴府,大兴府之下设有大兴、宛平等直辖县,大兴、宛平二县之下又设有40余个坊(又称为里),坊下面再分为若干巷,坊有坊正,巷有巷长。

为了加强对大都地区,特别是大都城的管理,专门设置有大都留守司,主要负责对皇城的防卫、修缮等工作。此外,还设置有左右警巡院,分掌大兴、宛平二县的民政事务;设置有大都路兵马都指挥使司,负责都城的治安、司法等事务。

元朝还在大都城及周围的州县地区驻扎了大量的军队,以防备人民群众的反抗。这些军队被分为若干个卫所,例如,由各少数民族战士组成的军卫有左、右翊蒙古侍卫亲军都指挥使司、唐兀卫亲军都指挥使司、钦察卫亲军都指挥使司等;由汉族战士组成的则有五卫(即左卫、右卫、前卫、后卫、中卫等)亲军都指挥使司。这些军卫负责从宫城、皇城到都城乃至于边关要塞的防务,如果遇到各地发生动乱,随时进行镇压,平时又要耕田,以备粮草等军需。

大都统治集团的内部斗争与农民起义军北伐 元世祖忽必烈死后,围绕皇位的继承,蒙古贵族进行了长期混战,大都城作为全国的政治中心,又不可避免地成为混战的中心场所,导致元统治力量削弱。元朝末年的农民起义,是从中原地区开始爆发的。元朝官府调动大军加以镇压,并没有取得预期效果,反而使农民起义军突破元军的围剿,转向外线作战。由起义军领袖毛贵所率领的一支红巾军,将进攻的目标直接指向了大都城,使元朝统治者大为震惊。农民起义军的第二次大规模北伐,是大明军的北伐,朱元璋下令,命大将徐达等统率大军25万人,出兵北伐。至正二十八年(1368)八月初二,大明军攻占了大都城,元朝至此灭亡。

大都地区的经济状况

人口变迁 金朝末年，由于蒙古军队的多次侵扰，中都地区人口锐减。有些惨遭杀戮，或是病饿而死；有些被掠为奴，押送到漠北草原；还有一些被迫出逃，背井离乡。能够留存下来的民众，只有原来人数的十分之一二。蒙古军队占领后，开始逐渐恢复生产，安定社会，有些民众重回故居，更多的则是由官府从全国各地迁来的新居民。有农民，有工匠，还有官吏、军士及各种宗教界人士；既有大批的汉族百姓，也有蒙古及西域各地的少数民族人士，甚至还有少量的欧洲、西亚及东亚等地的外国人在此定居。

元世祖兴建大都城之后，人口增长速度加快，更多的官员、军士、工匠等被征调到大都。商业繁荣又招来大批行商坐贾，云集于此。还有更多的流动人口（包括各国及各地的使节、各种宗教人士、旅游观光者等等），长期汇集在大都城，使其人口密度超过以往的任何一个朝代。元代初期，大都路的编户居民有 114 000 余户 401 000 余口。其中，属于城近郊区的大兴、宛平二县的民众，大约有 6 万户 20 余万人。元代中后期，大都城人口数量已达 80 万到 100 万人。

农业 元代的大都地区，农业生产是主要的产业之一。元世祖定鼎大都以后，对农业生产的重视程度远远超过此前的各位蒙古帝王。中央政权机构内专门设立了大司农司，主抓与农业生产有关的各项事务。元王朝统一江南地区之后，朝廷花费大量人力物力，开通了漕运与海运，使江南地区的大批物资，特别是粮食被源源不断地运到大都，从而使本地农业生产的重要性减弱了。

手工业 元代的大都地区，手工业的发展规模远远超过农业生产，甚至达空前的程度。尤以官营手工业最为突出。蒙古帝国攻占燕京地区不久，即设置了工匠总管府，管辖工匠们的生产，制造各种官府所需要的手工产品。元朝统一江南地区之后，官府将南宋原有的大批能工巧匠调集到大都来从事生产，以供统治者的需要。大都汇集了全国的工匠精英，成为最具规模的手工业生产中心。官营的手工业生产机构可以生产各种各样的手工产品，从人们日用所需的服装到各种器具，从军队的常用武器装备到军用后勤物资，特别是专门供元朝帝后、皇室生活需要的各种物品的生产，门类齐全，手工艺技巧也是国内最高超的。私营手工业与官营手工业同时存在，是官营手工业生产的补充，其产品主要是官营手工业生产机构很少生产或者是不生产的，其生产规模基本是以一家一户的小作坊形式出现。其中，一部分产品进入商品流通领域，以获取利润为目的。出现了专门的"机户"和"机工"，机户占有生产资料，机工则出卖劳动力。

商业 在大都地区，商业的发展是很不平衡的。在大都城里，商业十分兴盛，各主要交通要道的周围遍布着众多的市场，商品的种类也很齐全。主要经营居民的各种日用商品，包括食品类的米市、面市、鹅鸭市等，服装类的缎子市、帽子市、靴市等。各城门附近,由于靠近郊区,汇集的多数是副食类的集市。商业的繁荣还表现在对国内及海外贸易的频繁。在大都的商市中,可以找到来自全国各地的商品。不论是东海的海鲜,还是江南的漆器、香料,或是北方的名马、驼羊,以及各地生产的锦纨罗绮、貂裘衣帽、翡翠珠玑等珍贵的商品,都能在这里买到。一些外国商人认为,大都城商业的繁荣甚至超过了欧洲著名的商业大都会巴黎、罗马等处。

交通 元代的大都地区,交通运输业空前发展。陆路运输,元朝廷以大都城为中心,设置了通往全国各地的、庞大的驿站系统,当时又被称为"站赤"。据《元史·兵志》所载,元朝在全国共设置1380余处驿站,以保证交通线路的畅通,仅在大都地区,就设有驿站数十处。大都的驿站中,即备有站马1000余匹,站车800余辆,以供官府的需用。每个驿站的供役民户,大的驿

元大都城垣遗址今貌

站可多达两三千户，小的也有五六百户。驿站大多设置在大都通往全国各地的交通要道之上。通往大都的水路交通线主要有两条。一条是在内陆地区的人工大运河，另一条是在海上的运输线路。

大都地区的文化发展

教育、科举、修史 蒙古窝阔台汗五年（1233）六月，诏令在燕京设立国子学。选派蒙古子弟18人及汉官子弟22人，学习汉语、汉字及蒙古语文和骑射之技。大都建成后，忽必烈设立全国最高学府国子学。又设立蒙古国子学，以传授由藏僧帝师八思巴创制的新蒙古文字，国子学在学人数不过100人。元世祖至元二十四年（1287），正式设置了国子监，作为全国教育事务的最高机构。国子监中设有国子祭酒、司业、监丞、博士、助教等职位。到元成宗大德十年（1306），兴建校舍160间，占地40亩，国子学生员增加到200人，元仁宗时又扩大到生员400人。此时的国子学，还建了藏书楼，高4丈多，宽约10丈，进深约5丈，命名"崇文阁"。各级地方教育机构也在不断完善。至元十三年（1276），正式设置大都路学（又称大兴府学），并在学校中设有提举学事、教授、学正、学录等职官，主持教育工作。在大都路下属的各州、县、乡，也都设有州学、县学和乡学。许多军卫、驿站等地方，也设有卫学和驿学。

元代，科举考试的制度不完善。皇庆二年（1313），元仁宗颁布诏令，正式施行科举考试。此后，大都成了全国考试中心。由于考试题目、标准等都体现着元代的民族歧视政策，加以录取名额有限，汉族考生被录取者很少，其作用也就微不足道。

元初，即有大臣向忽必烈建议修撰国史和辽、金二史。在仁宗、英宗、文宗朝，又曾有人先后提议修辽、金、宋三史。顺帝至正三年（1343）三月，以"治乱兴亡之由"，"垂鉴后世"，始诏修三史。中书右丞相脱脱为都总裁官，翰林学士欧阳玄、翰林侍讲学士揭溪斯等6人为总裁官，在大都设立史局，调集各地著名文士前来参加。两年后完成辽史116卷、金史135卷和宋史496卷。忽必烈建立元朝后，还确定了"给事中"记录皇帝的《起居注》，并编修《实录》的制度。元朝正式登基称帝的共15人，仅有顺帝为亡国之君，未修实录。先后参加实录编修的人，皆为有元一代的著名学者，有赵孟頫、王构、姚燧、吴澄、吕思诚、苏天爵等。

科技、文化 元大都的科技，代表了当时中国科技界的最高水准。蒙古统治者虽然出身于游牧地区，但对于农业生产的重要性也有切身体会。大都设置了专管农业生产的大司农司，并命其编定及刊行集农业生产技术之大成的著作《农桑辑要》，颁发全国，以促进农业生产。至元十三年（1276），组织修订历法，4年以后制定出了当时全世界最为精确的一部历法《授时历》。新历法于至元十八年（1281）正月初一，开始在全国颁行，过去推行使用的旧历法一并废止。

元代的大都城汇集了全国各地的医学名家。元朝廷设置了太医院，征调各地名医，为其服务。太医院之下，设有专门主管全国医务工作和培养医学人才的医学提举司。其任务是考核各地医师的技艺高低，审定医学著作的正误，辨验药材的优劣，训诲医学子弟，等等。

至元二十三年（1286），调集全国的地理学专家，进行大规模的实地勘测工作，历时8年完成1300卷的地理调查，比较详细、准确地记录了各地的建置沿革、山川形势、城镇道里、物产民俗、名胜古迹等情况，具有重要的学术价值，可惜今已散佚大半。

大都地区的文坛，从金末到蒙古占领燕京行省时期，活跃在文坛的著名人物，都是北方人士，如元好问、耶律楚材、郝经、阎复等人。从营建大都开始到元朝统一中国之后的一段时间，大都文坛虽仍以北方文人学士为主，但南方著名人士也开始来到大都，如赵孟頫等人。从元代中期到元末，大都正成为全国文化艺术中心，南北两地著名文化人汇集于此，如北方的王兆燧、苏天爵等，南方的欧阳玄、黄溍等，以至少数民族文士萨都剌等。

大都有一种新兴的文艺体裁，即是杂剧的创作，出了一个高峰期。其艺术成就，超过了同时期的诗文创作，后人将其与唐诗、宋词，以及此后的明、清小说并列为中国文学史上的瑰宝。

元代初期，著名杂剧作家首推关汉卿、马致远和王实甫，都是大都人。大都城里，还活跃着一大批优秀的杂剧表演艺术家，为杂剧发展和繁荣做出了重要的贡献。

大都城里聚集着一批技术超卓的书画艺术家，如鲜于枢的行草，奇态横生；杨桓、郭贯的篆字，厚重古朴；而邓文原、周伯琦的书法，篆、隶、行、楷，各体兼备。若以艺术成就而言，仍首推赵孟𫖯，他的书画作品秀丽典雅，上追晋人风范，在中国美术发展史上具有承前启后的关键作用。

大都地区的音乐、舞蹈艺术也达到前所未有的高峰，最主要的表现就是多种不同文化背景的乐舞汇集在一起，在大都地区流行。如代表中原农耕文化正统地位的"雅乐"，代表草原游牧文化主流的蒙古族乐舞，代表藏族佛教文化的"十六天魔舞"，等等。

大都作为元代的首都，中西经济、文化的交流也很频繁。随着大批色目人的迁入，中亚的医学、天文学、数学等科学技术亦先后传到了大都。意大利威尼斯商人马可·波罗父子在中西文化交流中起到桥梁作用。尼泊尔人阿尼哥，于中统元年（1260）应邀到西藏营造黄金塔，后受到忽必烈的重用。在中国主持建塔3座、大寺9处、祠祀2座、道宫1处。他擅长绘画、雕塑和铸金像。至元八年（1271），他协同中国工匠，共同修建了白塔寺之白塔。波斯天文学家札马鲁丁将回回历法和有关天文仪器传到了大都。回回医学在大都颇为流行，元朝设有广惠司，专掌回回药务事。回回诗人丁鹤年曾在民间行医。回回人忽思慧于延祐中任御膳太医，著有《饮膳正要》一书，介绍了中亚、西亚的饮食卫生、营养、医学知识及有关植物品种等。

大都的宗教与民俗

中土佛教、藏传佛教 金元之际，燕京地区的佛教受到战乱的影响，寺庙破坏较多，僧侣逃亡，一度趋于衰弱。蒙古政权占领之后，社会日渐安定，生产逐渐恢复，佛教的势力和影响也开始复苏。当时，禅宗势力恢复最为迅速，开始取代律宗的主导地位。元朝建立后，为了扶持藏传佛教的发展，采取"崇教抑禅"。对于与藏传佛教比较接近的律宗、华严宗等宗派，则加以推崇，遂形成各派并驾齐驱的局面。元代初年开始，藏传佛教一派也在大都城不断扩张势力，很快后来居上，取代了中土佛教，对元代帝王产生了具有支配性的影响。大都专门设立宣政院，除主管全国佛教事务之外，还负责藏族地区的军政事务，维系中央朝廷与藏族地区的密切联系。

道教 金元之际，道教在燕京地区的发展出现了一个较大的飞跃。其中，尤以全真教的势力发展最为迅猛，在很短的时间内，就遍及了黄河以北的广大地区。燕京地区成为全真教活动的一个中心。全真教的发展，引起道教与佛教之间的矛盾冲突。朝廷采取了扶持佛教、打击道教的政策。通过3次大规模的宗教辩论，迫使以全真教为主的道教屈服于官府和佛教的联合压力。其结果是，道教的领袖人物受到迫害，道教的典籍遭到焚毁，许多道观被退还给佛教，就连一些道教在民间的活动也遭到禁止。在北方道教的主要派别全真教受到严重打击的同时，由于南北政局的统一，作为南方道教一个重要派别的正一教（又称天师教），势力扩张到大都地区。此后，在大都地区，道教的各派别皆有所发展，并受到元朝当政者的尊崇。其中，仍以北方的全真教及南方的正一教势力最为雄厚。

伊斯兰教、基督教　在大都地区，伊斯兰教与基督教的传入要比佛教晚得多。在蒙古国还没有占领中原地区的时候，这两大宗教就已经在漠北草原地区流传，并且得到蒙古当政者的尊崇。蒙古进占中原地区之后，这两种宗教也随之传入，只是信奉者多为少数民族人士。忽必烈定鼎大都之后，始有越来越多的少数民族人士迁居于此，这两种宗教有了进一步发展。对于西方罗马帝国的教皇而言，流传在东方的景教是一种"邪教"，是应该受到排挤的宗派。在元代初期，罗马教皇就几次派遣传教士和元朝廷建立联系，宣扬其"正宗"的基督教。到元朝末年，信奉基督教的已经多达数万。但景教仅在少数民族人士中流传，很少有中原民众信奉。

明代的北京

明代北京的沿革及演进

北平府的设立及其功能 1368年（元顺帝至正二十八年，明洪武元年），明北伐军攻占大都，元亡。洪武三年（1370），明朝将元大都路地区建为北平行省，将元大都路大兴府改为北平府，作为北平行省的首府；洪武九年（1376），改北平行省为北平布政司，仍以北平府为首府，原大都城作为北平府城。明代的北平已不是全国的政治中心，但元朝的残余势力虽然北走，却不甘于亡国，时刻准备卷土重来，经常向明帝国北方进犯，新兴的明帝国必须在北平府驻守重兵，保卫边疆，北平成为明代北方的军事重镇。明初将旧大都城的北垣南移5里，建筑新的北平城北垣，即今北京城的安定门、德胜门东西一线，把新北城垣北侧原有的一条东西向运河作为北垣外的护城河。北平城区较元大都缩小，有利于固守。

明初建立军制是以"卫"为单位的，每卫有额定官兵5600名，长官为指挥使。新的北平城中，设立燕山前卫、燕山左卫、燕山右卫、大兴左卫、永清左卫、永清右卫等6个卫的部队，约为33 600名官兵。在北平府的远近郊区也部署军队，如洪武四年（1371）在密云县设立密云中卫，洪武八年（1375）设立蓟州卫，洪武十年（1377）设立遵化卫，洪武三十年（1397）设立密云后卫，其后又设通州卫、定边卫、神武中卫等，布防北方；还在洪武初年于北平城设立"都卫"（后改称都司），作为北平地区驻军的统领机关，指挥各卫。

为保证北平军镇的经济供给，明廷针对元末大都地区因食粮断绝而造成的残破局面，采取恢复农业生产的措施。从洪武四年（1371）开始向北平郊区移民，当年三月移入 17 000 户，六月又移入 35 800 户 190 727 人，其后又陆续移入 32 860 户，如以每户 3.3 人计，这次移入约 306 438 人之多。移入人口，分别安置在北平府各县大兴、宛平、良乡、通州、涿州、固安、昌平、顺义、三河、武清、蓟州等地。移入人口以"屯"为单位定居、生产，共设立 254 屯，迅速地把平郊荒地开垦出来。如洪武二年（1369），北平府民地 780 顷 32 亩，到洪武八年（1375）民地即增至 28 858 顷 45 亩，外加官地 155 顷 68 亩（《永乐大典·顺天府》卷八）。其后逐年增多，向北平驻防官兵提供军粮，保证了北平作为北方军事重镇的地位和作用。

定都北京 明成祖即位初，存在着继续以南京为国都抑或迁都之议。明成祖听从谋臣意见，认为古代封建社会立都的原则，一为政治条件，即是否有利于维护巩固其政权；二为经济条件，即是否能保证京城赖以存活的物质供应；三为地理条件，即建都处的地势是否有利于战守；四为社会条件，即是否有利于人民的支持和内外社会交往，等等。其中，政治、经济二条件尤为封建统治者的首选，因保持政权和生存与其根本利益攸关。但仅就政治、经济二条件而言，保持政权则占主要地位。明成祖决定定都北平,改为北京,"北京"作为这一地区的地名,在历史上第一次出现。

北京的城防战役 英宗正统初,蒙古鞑靼、瓦剌两部强盛,而明廷日益腐败,太监王振专权,不但不修城防、军备,反受贿通敌,给予蒙古人进犯之机。正统十四年(1449),瓦剌部首领也先军于七月进攻大同,王振挟明英宗"御驾亲征"。明军到大同后,畏敌后退,到土木堡被也先追击,军溃,王振死,英宗被俘,称为"土木之变"。明军败讯传到北京,明廷震动,许多大臣主张迁都避敌。为稳定局面,皇太后立明英宗之弟朱祁钰为帝(景泰帝),任主张抗敌的于谦为兵部尚书,严惩主张迁都避敌官员,追究王振专权误国罪责并诛杀其党,急令各省派兵增援京师。在于谦的主持下,北京整军设防。在加强北京城防中,得到手工业匠人、居民等民众的大力支持。当年十月,瓦剌首领也先挟持明英宗进犯北京,于谦亲临前线督率军民迎战,先后击败也先的蒙军。在明军的压力下,也先把被俘的明英宗放回北京。景泰八年(1457),明英宗乘景泰帝病重,夺回帝位,并将主持抗敌的于谦处死,反映出明代的政治继续走向腐败。

明末兴起于东北方的满族首领努尔哈赤,在万历四十四年(1616)建立后金王朝,开始夺取明朝政权的战争。崇祯二年(1629)向北京进军,崇祯三年(1630)后金兵临北京城下,受到明军主将袁崇焕的奋勇抗击而被挫,主将受伤,兵败退走。后又两次集结兵力进攻北京城,始终未达北京城下,仅抄掠了北京周围的城市和乡村。

人民的反抗、起义与明朝灭亡 明廷专制的加强、对人民的政治压迫加重和经济掠夺日益残酷，都在都城北京集中反映出来。尤其是城郊土地逐年被权贵、豪门兼并，广大农民无以为生；城市商品经济的发展，苛政使商民受到的剥削，劳动者受到的榨取也日益加重，明中期以后人民反抗不断发生。正德五年（1510）发生在京郊霸州的农民武装起义。起义军4次威逼北京，先后进军阜成门外，引起明武宗恐慌。万历初，传统的人民组织白莲教也开始活动。天启二年（1622），山东发生白莲教起义，北京的教徒积极响应，攻占京南州县，被明军镇压而失败。明崇祯年间陕北发生农民大起义，经奋战15年，于崇祯十六年（1643）在湖北襄阳建立政权，次年建国号大顺，向北京进军。在领袖李自成领导下，崇祯十七年（1644）攻入居庸关，兵临北京城下，迅速击溃明军守城的三大营。三月十九日攻破北京城，明崇祯帝朱由检自杀，起义军占领北京，明朝灭亡。

明代北京的城市建设及管理

京城及街道建设 明成祖决定定都后，于永乐四年（1406）开始北京的营建，命相关官员赴各地采办物料。新的北京城在元大都的基础上建立，除此前将大都北垣向南缩短五里外，又将大都南垣向南移约二里，从今东西长安街一线推至今北京前三门东西一线。新北京城东、西城垣利用元大都的东、西土垣，城周四垣均用砖包砌。北垣西为德胜门，东为安定门；东垣北为东直门（元之崇仁门），南为朝阳门（元之齐化门）；西垣北为西直门（元之和义门），南为阜成门（元之平则门）；南垣中为正阳门，东为崇文门，西为宣武门。到明中期嘉靖三十二年（1553）又增建外城，外城南垣中设永定门，其东为左安门，其西为右安门；外城东垣设广渠门，东北角设东便门；外城西垣设广宁门，西北角设西便门。外城东、南、西三面城垣亦均为砖砌。

新北京城内城是继承了元大都城中、南部的格局，所有大街、胡同布局均仍元旧，居住区域仍以坊为单位，坊的位置、名称大多亦为继大都之旧，稍作改变，计有南薰、澄清、明照、保大、仁寿、大时雍、小时雍、安富、积庆、明时、黄华、思诚、南居贤、北居贤、阜财、咸宜、金城、鸣玉、河漕西、朝天宫西、日中、教忠、昭回、靖恭、灵椿、金台、日忠、发祥、崇教等29坊。每坊包括若干胡同，大体上与元大都城相同。新建的北京外城划分为正东、正西、正南、崇北、崇南、宣北、宣南、白纸等8坊，外城中间设南起永定门、北至正阳门的南北大街，设东起广渠门、西至广宁门的东西大街。外城西部的城市格局是利用了被包入的金中都城（元代称为大都南城）东半部的城市格局，外城东部的格局因该地多纵横河流，建成的街巷胡同大多是不规则的。明北京内城的大街名称，有的做了改动，有的利用元大都的街名；胡同名称初时仍用元之旧名，有的则在时代的推移中因人、因物、因事形成了新的名称，有的新设胡同则是新定名称。外城的街巷胡同名称则多为后定。

正统二年（1437），在内城9座城门上修建城楼，门外修建瓮城，正阳门的瓮城东西各开二门，其他门的瓮城则仅开一门，并正对城门设立箭楼各一座。外城建成后，亦照内城建造城楼、瓮城、箭楼，但较内城规制略小。内城四角均设角楼，外城四角亦设角楼，但较内城的角楼规制小。

明北京城内、外城的四周均开有护城河，每座城门外的护城河上架设石桥一座。明北京城内城周长40里，外城周长28里。

皇城宫城的建设　在修建北京城的同年，明朝政府也做好了建设新皇城、宫城的准备和取材，随即开始陆续动工。新皇城在元大都皇城的基址建立，西垣仍用元旧皇城的西垣，北垣向北推移到今地安门东西大街一线，东垣向东推移至今南北河沿大街一线，南垣向南推移至今天安门东西一线，中间向南突出，成"T"形广场。明北京皇城周围长度为3656丈5尺（一说3304丈），南门在"T"形广场南端之门称大明门，其东北为长安左门，西北为长安右门；皇城东门为东安门，西门为西安门，北门为北安门。皇城正中偏东南为宫城，宫城之前，左为太庙，右为社稷坛；皇城内西部为西苑，中有太液池（今之北海、中海，永乐十二年又在中海之南开挖大湖，即今南海）。皇城内东北部是内府各监局，为皇室生产各种生活用品；皇城内的西北部设有国家仓库，共十库；皇城西南部是在元隆福宫上建立的朱棣燕王府，嘉靖时又改建为万寿宫；皇城内的东南部是东苑，景泰时建为南宫。皇城西南角向内凹入。大明门正北为承天门（今天安门），其北为端门，

114 / 北京史略

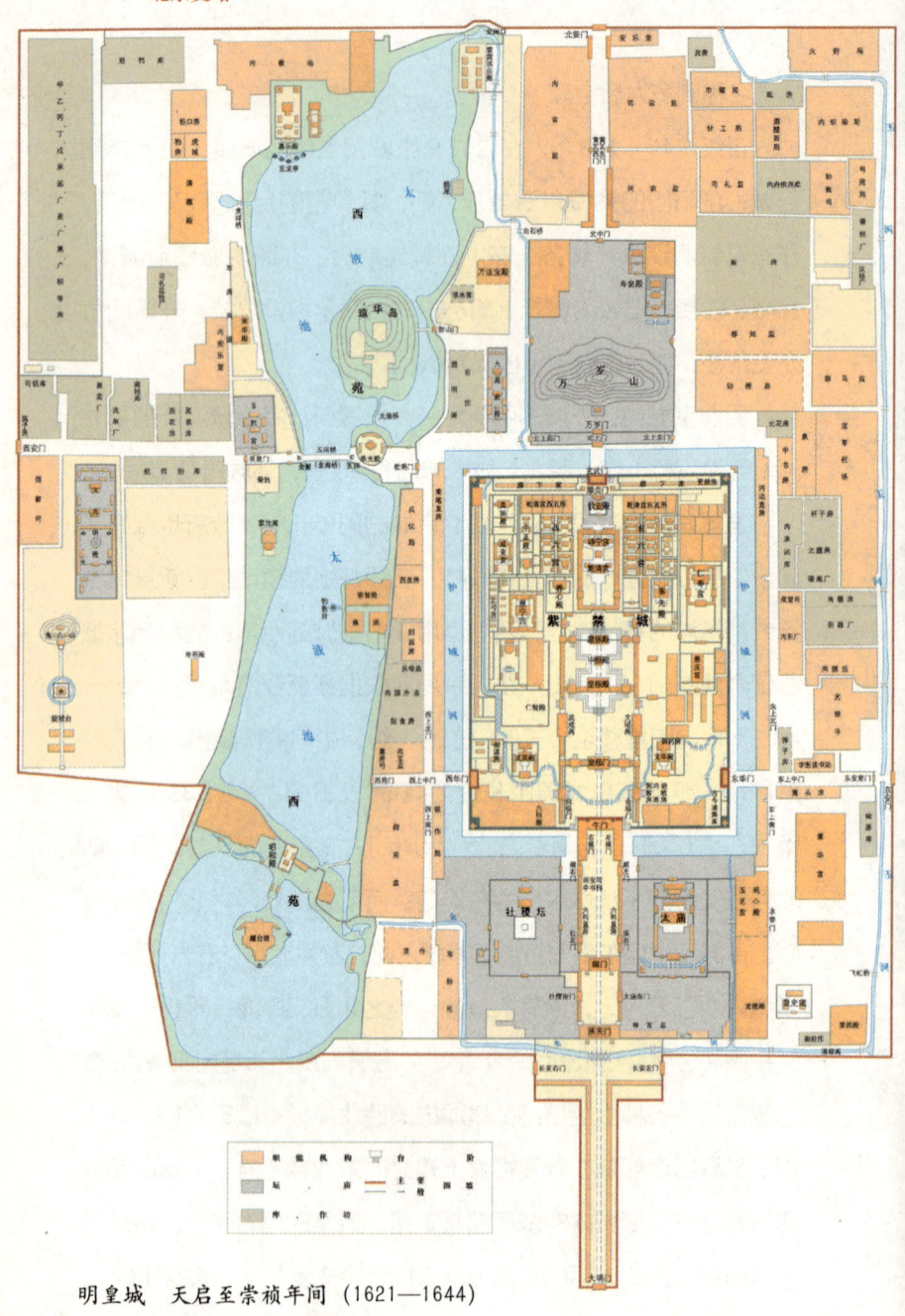

明皇城　天启至崇祯年间（1621—1644）

再北即为宫城的午门。

皇城的核心部分是宫城，也是从永乐四年（1406）开始备料开工，其基址为元宫城旧基并向南移。明宫北垣建在元宫中部东西一线，即元宫东、西华门之间通道的南侧，南垣在元皇城南垣东西一线上，东、西垣与元宫相同。

宫城是由多个建筑群组成的大建筑群，其中外朝三大殿是宫城主体建筑群，三大殿分别为皇极殿、中极殿、建极殿，及其附属建筑。皇极殿俗称金銮殿，是皇帝升朝举行大典之处，规制在宫城内最大。其北为内宫的乾清宫、交泰殿、坤宁宫建筑群，为皇帝、皇后内宅，乾清宫为皇帝日常生活、办公处，坤宁宫为寝宫。内宫后为御花园。内宫的东、西为东六宫和西六宫建筑群，是妃嫔居住的地方。外朝三大殿前之东为文华殿建筑群，一度作为太子办公之处，后改为皇帝便殿；前之西为武英殿建筑群，是皇帝斋居、召见大臣之处。宫城的东北部还有仁寿宫建筑群，西北部有中正殿建筑群，西部有养心殿、慈宁宫建筑群等。宫城外开四门，南为午门，北为玄武门，东为东华门，西为西华门。南起午门，北经外朝的皇极殿、中极殿、建极殿，内宫的乾清宫、交泰殿、坤宁宫，再北到玄武门，是宫城的中轴线，也是北京城的南北中轴线，宫城内的建筑物都以此线东西对称。

坛庙建设　永乐十八年（1420），在北京正阳门南偏东的元代郊坛基础上建立天地坛，作为祭天地之用。天地坛周9里30步，开4门，内有大享殿、圜丘、皇穹宇、神乐观、斋宫等建筑。嘉靖时改为只祭天的天坛。当年又在天地坛之西建山川坛，内有先

天坛

农坛等建筑。嘉靖九年（1530）在安定门外建立地坛；在朝阳门外建朝日坛，内有神库、钟楼等建筑；在阜成门外建立夕月坛。以上四坛均为明廷敕建。明成祖时议立帝王庙，到嘉靖十年（1531）在阜成门内大慈恩寺基础上改建，称历代帝王庙。正殿称景德崇圣殿，供奉历代有建树的帝王15人，名臣32人。庙门为景德门，门外东、西立坊，名景德坊。此庙今存，已修葺一新。永乐元年（1403），在元代文庙的基础上建孔庙，正殿称大成殿，供奉古代教育家孔丘的木像，还有配殿、神库等建筑。嘉靖九年（1530）改称先师庙。先师庙今保存完好。

关隘建设 明朝建国后，明太祖仍用长城防敌。洪武元年（1368），即命将修长城，防御蒙古人的卷土重来，其后200多年不断修建长城，办法是将明代以前历朝所修北部长城联结起来，作为一个整体，完善防御设施。今东起山海关、西至嘉峪关的"万里长城"就是明代最后完成的。在北京地带内的居庸关、八达岭段是工程完美、建筑雄壮而有代表性的一段。居庸关是北京西北方的险要通道，历代均视为雄关，并为北京通向西北的重要孔道。

居庸关建在峡谷上,跨于两山间,有南北二门,门上由明人题写关名。南北通道在峡谷间,不仅扼险且风光优美,关的北门外有阅武场,其北约20里为八达岭,称为关北天险,有弘治八年(1495)建立的小城扼于长城。小城开二门,西北之门称"北门锁钥",东南之门为"居庸外镇",险要胜于居庸关,利于当时军事防守。位于十三陵北的慕田峪长城也是京北长城重要险隘之一。

八达岭长城

陵寝建设 明成祖决定建都北京,永乐五年(1407)即开始选择陵地。选定昌平以北的黄土山地方修建自己的陵墓,永乐十一年(1413)竣工,定名"长陵",将黄土山改称天寿山。其后明朝诸帝除景泰帝被贬不以帝葬之外,都葬于天寿山。明成祖朱棣的长陵之后,计有仁宗朱高炽(献陵)、宣宗朱瞻基(景陵)、英宗朱祁镇（裕陵）、宪宗朱见深（茂陵）、孝宗朱祐樘（泰陵）、武宗朱厚照（康陵）、世宗朱厚熜（永陵）、穆宗朱载垕（昭陵）、神宗朱翊钧（定陵）、光宗朱常洛（庆陵）、熹宗朱由校（德陵）、末帝朱由检（思陵）。十三陵的每个陵都有祾恩门、祾恩殿、明楼、宝城等地上建筑物，宝城之下为地宫，是安葬皇帝的地方。各陵不仅地上建筑宏大（思陵除外），地下宫殿也非常豪侈。这十三个皇陵在京北形成了一个陵园，陵园之外有石坊、碑亭，碑北至陵门道路两侧立有石人（文武臣）、石兽，夹持"神道"。十三陵专设军队守卫，每陵设军一卫（统五个千户所），指挥部均设在昌平州内，保护陵园。

城市管理 永乐初定都北京，改北平府为顺天府。顺天府公署是北京的地方行政管理机关并兼理司法。顺天府设府尹一人，总管北京行政事务，掌握全府政令，负责社会管理、农业生产、征税及力役、户口、救济、诉讼、文教等，每3个月向皇帝汇报一次工作。设府丞一人，为府尹的副职（副府尹），协助府尹处理府务，并分工管理学校；设治中一人，是府尹、府丞的参理（府尹助理）。府尹、府丞、治中之下设通判六人，分担全府的仓储、马政、军工、燃料、水利、土木工程的管理职能。设推官一人，承担全府的司法、监察事务。设儒学教授、训导各一人，管理教育。府署设吏、户、礼、兵、刑、工六曹（部门），对应明廷六部执行地方各种职能。另外根据都城特点设立经历司、司狱司、都税司、宣课司、照磨所、递军所等机构。

明北京分为5个城区进行管理，各设有兵马指挥官事管理治安，主官为指挥、副指挥，但不管民政。正统年间每城设巡视御史两名，为临时派遣性，负责监察兵马指挥司及管理民政。景泰时每城设立巡城御史公署，实际是每城的行政监理机关。万历年间，巡城御史开始实授，每年一任。但明廷规定，北京的巡城御史不准受理重大诉讼，只能处理轻微案件。

基层机构 北京的基层行政机构，在城区，顺天府下为"城"，共分5城；城下分为"坊"，坊下为"牌"，牌下为"铺"，每铺管一至数条胡同。郊区则为州县。

城之下的各坊行政区，每坊设立坊长等坊官，管理坊内民政，

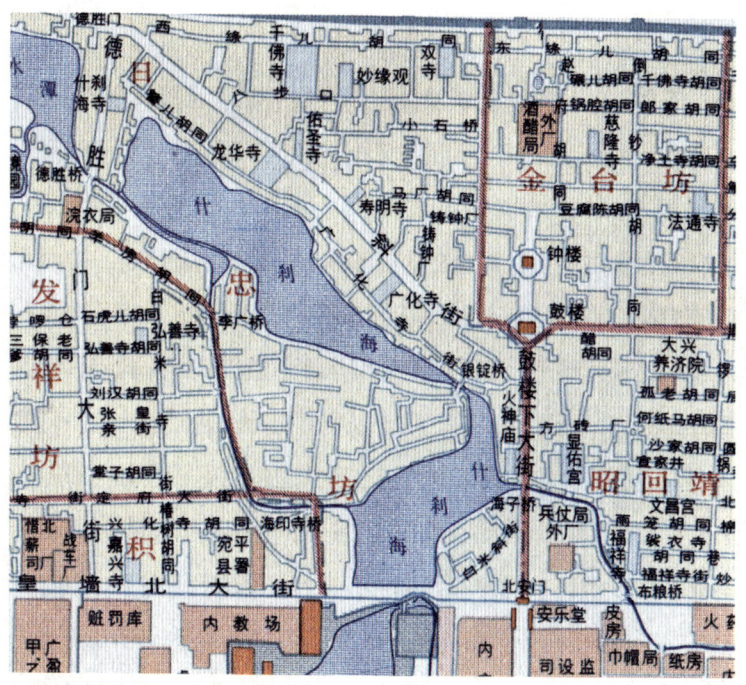

明代什刹海周边坊巷示意图

有权调解纠纷，作为"亲民之官"，但不准干预重大事件。

各坊之下的"牌""铺"，各设有牌甲、铺甲，作为首领，牌甲、铺甲都从居民中挑选充任，不在官吏行列，承担呈报本管界内的重大事故如盗贼、火灾、人命，并管理本界内的修沟、巡逻等义务和维持治安。明中期，曾有人提出将城市居民每10家编成一"甲"，一家被盗，9家协捕的办法，说明北京城内的社会治安严峻。

明代北京的经济

农业 明初为恢复农业生产，大批向北平府移民开垦荒地。永乐时迁都于此，为供应日益增长的粮食需要，加大了移民开荒的力度，促进了京畿农业的发展。

在粮食生产上，表现在稻田的开辟。郊区水田广布。如西北郊的海淀、青龙桥，南郊的草桥、西南的大石窝，远郊的通县、良乡等处都有稻田，甚至城内的积水潭一带也开辟为稻田。其他粮种如小麦、高粱、大麦、豆类以及棉花等也是北京的特产，尤以小麦占优势。北京蔬菜的种植在明代也很发达，近城四郊广布菜田。蔬菜品种首推大白菜，历史悠久而产量高，另如各种根菜、茎菜的生产也很丰裕。南郊草桥、丰台一带农民还以种花为业，所养之花品种很多，北京以此被誉为"花乡"。草桥一带山茶、梅、水仙、海棠、丁香、牡丹、冬菊等，品质优良，花农以此为业谋生。

明代北京还盛产果类如葡萄、桃、杏、梨等,园艺业也比较发达。

明代土地制度分为官田、民田两种。官田包括军民屯田、皇庄、王公大臣等的庄田、牧场、学田、职田等政府掌握的土地,其外均为民田,即地主、农民私有土地。明初北京郊区土地绝大多数为民田,官田极少,约占总数的百分之一以下。但奠都后,大批皇室、贵族、官僚、权勋进入京城,凭借特权占夺民业,制约了明北京农业的发展。

水利 明北京虽四郊种稻,粮食的来源主要还是靠漕运。一般每岁在400万石～600万石,明中期以后政治腐败,漕运不修,社会矛盾日激,漕粮每况愈下。万历三年(1575),时任给事中(谏官)的徐贞明就提出在畿辅兴修水利溉田种稻以济漕运的建议,被任为垦田使,五个月即垦田39 000余亩。万历三十年(1602),运京漕粮只有138万石。朝中有识之士忧虑京师会发生饥饿而不能立国,不得不另谋生计。万历末年,御史左光斗出任管理屯田,提出根据天时、地利、人情去浚川、疏渠、引流、设坝、建闸、设陂、相地、筑塘、招徕等水利措施,奏经明神宗准许推行,收到"所在皆稻"的效果(参见《明史·左光斗传》)。崇祯四年(1631),给事中魏呈润"请大修北方水政"。明北京地区水源充足,有条件大兴水利促进农业,但修水利经常被阻,水利事业收效甚微。

手工业 元代手工业多为官办,其工人具有工奴身份。明初改变这种做法,改为轮匠制和坐匠制,工人只定期为官方服役,其余为自由支配时间,对工人的人身占有有所放松,促进了明初手工业的进步。

明代手工业存在两种体制，一是官营手工业，包括为皇家服务的内府各监局和官办行业，如建材、兵器、织染、火药、皮作、油漆、巾帽、营缮等，这些部门实行轮匠制和坐匠制。二是私人手工业，多为简单作坊，生产民生日用品，其中的工人和业主是雇佣关系，有的业主自己担任工匠。私人手工业不受官方轮匠、坐匠的限制，有广阔的发展前途。

明中期，北京城市经济长足发展，轮匠、坐匠制带有局部工奴身份的制度存在不下去了，工人们通过怠工、逃亡等反抗冲击着这种带有人身占有的超经济剥削制度，迫使明廷允许用"班匠银"即以银代役的办法免去服役，生产力得到解放。从明中叶起北京的手工业走向繁荣，首先是作坊增多。私人开设的作坊大量出现，如酒坊、染坊、磨坊、机坊、铜铁木作坊等，彻底摆脱了工奴身份的工匠，利用自己的技能纷纷自营，有了劳作和提高技术的兴趣，积极投入运作。其次是手工业产品的质地逐年提高。取得自由身份的工匠们，大多技艺纯熟，一旦发挥生产兴趣，有无限的创造能力，精湛之作很快受到用户的欢迎，加以不断改进技术、质量，很快形成多种行业的名牌商品，如鞋帽、中成药、器具等。有许多商品长期流传后世，经过清代及民国而不衰，所经营商品的店铺也成为后来的"老字号"。行业范围包括食品、日用品、衣饰、铜铁制品、冶铁、印刷、采矿、运输、造酒、工艺制品、雕刻、装饰用品、燃料、纸制品、玩具等。手工业技术也不断提高，如工艺品的名品景泰蓝的制作就要通过制胎、掐丝、烧焊、点蓝、烧蓝、磨光、镀金等7个工序，成品精美。

明北京手工业作坊多数为工匠们自行经营，有些作坊和售卖店铺设在一起，自制自售；有的大型作坊如冶铁、工艺品、中药制作等作坊则是雇工劳动，由坊主出资经营、制作，工人则是出卖劳动力，其制作成品则是在市场上作为商品去销售盈利，带有资本主义因素。明北京的手工业生产发展，使资本主义生产关系的萌芽最终出现。

商业及贸易 定都北京之初，明政府即为商业的兴起创造条件，在各城门内外隙地建排房供商民居住。如正阳门外西侧通往元代南城方向就修建了大批排房作为商用，久之，这些称为廊房的排房就变成了商业区的胡同，即今前门外的廊房头条、二条等。这些廊房所在地均成为商业市场。此外，北京在明代形成了多处大集市，正阳门内棋盘街是中心集市，其周围是明廷政府机关所在地，外来贸易的商民在进入正阳门后首先集中此处，汇集全国商品一应俱全，十分繁华。棋盘街外与正阳门外大街相连，正阳门外两侧也都是店铺林立的商市。

明北京商铺众多，形成许多商业街，如东四牌楼南北、西四牌楼南北的两条大街，布满店铺，称为东西大市街；还有鼓楼前大街、崇文门外大街等。这些大街不仅遍开店铺，还有市场，如灯市等。城市还有专门市场，如城隍庙庙会每逢初五、十五、二十五均有大规模市场交易。另根据"前朝后市"之制，在皇城内宫城玄武门外设立后市，称内市，每年正月初一至十五开放。此外还有猪市、马市等。

上市的商品种类繁多，有土产也有外地贩入的货物，集中分为132行，如食用、日用、衣装、器物、珍宝、古玩、图书、工艺、建材、家具、纸张、香料、瓷器、字画、鞋帽等，应有尽有，供京城各阶层应用。各种货物因皇室官僚之需要，交易数额也非常庞大，仅每年贩入的瓜子一项就达4万石。北京不仅从全国贩入大量货物，还向外地输出大量商品，如对东北、西北方的少数民族地区输出瓷器、烟草等。

北京商业发达，利润优厚，促使明政府加强征收商贸税。顺天府分别在正阳门、张家湾（漕运终点）、卢沟桥设立税课司，在崇文门、德胜门设立税课分司，其后九门都征税。弘治初年九门商税已达钞66万余贯、钱288万余文（《明史·食货志五》）；到正德时，税钞增4倍，均归国库收入。万历时又派内监征收商税，加重盘剥。明皇帝还与商民争利，中后期在京城设立"官店"作为进京货物中介之处，把各地运京商品通过官店转售店铺，垄断销路，谋取利益。因而在京商民负担苛重，却使明代政府收入增加。

漕运及仓储 永乐四年（1406）开始疏通北京有关漕运的河道，九年（1411）发民工30万人重开通惠河，但未成功，到十三年（1415），向北京运粮，能直达通州，仍是不能把物品直运到北京城。当时从南方北上的运粮船，到天津后北行到张家湾，然后卸船陆运至北京，效率低而代价高昂。明世宗上台用一年时间就修复通惠河加以通航，自此漕舟直达京师，迄于明末。

明代漕运到北京粮食的数量，永乐年间是每年300万石以上，

东便门外通惠河旧照

正统初年增至450万石，可见数额不定。成化八年（1472），确定为每年400万石。漕船除运粮外，还承运其他物品，供应京师。

　　明代北京和元大都一样，设仓储粮。永乐迁都后，在京城设立官仓，把原来只供应军需的卫仓分别隶属于这些官仓之下。在通惠河未通时，北运的粮到达张家湾后，只有1/3运到京城，2/3就近贮于通州各仓。在通惠河开通以后，运京粮占2/3，存于通州各仓是1/3。北京城内于皇城四门设立长安门仓、东安门仓、西安门仓、北安门仓，储粮备宫廷之用。皇城以外的各官仓，有旧太仓（元代太仓）、新太仓、海运仓、南新仓、北新仓、大军仓、洛阳仓、禄米仓、西新太仓、太平仓、大兴仓。设在通州的官仓，有大运西仓、大运南仓、大运中仓、大运东仓、通济仓等。

明代北京文化及其设施

教育及科举 明初,在元代国子监址上设立北平府学(地点在今东城区国子监胡同)。迁都后将北平府学升为国子监,即国立大学。长官为祭酒、司业,教职员有博士、助教、学正、学录等多员。入学的为举人、贡生、官生、恩生、外国生(留学者)等,学习内容为五经、率性、修道、诚心、正义、崇志、广业等,培养入仕人才。

地方学校为府、州、县学,统称儒学。北京设顺天府学,地点在今北京府学胡同。顺天府学由顺天府丞兼管,其教学人员有教授、训导,入学者为生员。北京郊区顺天府各州县,亦分别设州学、县学。入学生员为府学40人,州学30人,县学20人,学优有奖。

明京城兴办书院,实行聚众自由讲学。宣武门内办有首善书院,通州办有东惠书院、双鹤书院。

北京作为明代都城,选拔人才、为明王朝各级统治机构输送新生力量的科举考试,集中在北京进行。北京的科举考试有三级:一是乡试,是顺天府一级的地方会考,参加者为生员,每三年举行一次。考试内容为"四书""五经"及相关论文、诏书、奏章的拟制,史学,诗文等。考试在贡院举行,考中者称为举人。二是会试，将各地乡试考中举人的士人集中到北京举行，也是每三年一次，安排在乡试的第二年，也在贡院举行。考中者称为贡士，其第一名称"会元"。三是殿试，亦即皇帝亲试，会试中考的贡士有资格参加。考试内容是时务策，即由考生对施政中的实际问题拟制对策、政策，由皇帝亲自命题。考中者为进士，其第一名称状元，第二名为榜眼，第三名为探花。进士可以直授官职，一般为地方上的知县，状元、榜眼、探花往往留明廷中央任职，担任文化官员。

学术活动 北京作为文化中心，学术活动繁荣。明初在南京修成的《永乐大典》是一部巨著，集合了明前各代典籍。迁都北京后，将其运往北京，藏于宫中文楼。明廷十分重视它的刊行、重抄工作，但因工费浩繁而作罢。嘉靖四十一年（1562），明世宗决定重新誊正这部巨著，直到穆宗隆庆元年（1567）完成，历时5年，誊写副本一部，世称"嘉隆副本"。之后，储正本于文渊阁，储副本于皇史宬。明初即将《元史》修毕。迁都北京后有个人著史书《宋史新编》《宋史记》及当代史《皇明资治通纪》《国榷》等。明廷还重视修纪事体史书，明初编有《明太祖实录》，其后在北京连续修成自成祖到熹宗的十二朝实录，存放在宫廷。这些实录保存下来大量珍贵史料。天顺五年（1461）完成《大明一统志》，是一部明朝全国的地理、地方志综合著作，其学术价值极高，为后世研究明时全国史、地的宝贵资料。还有《北京志》（失传）、《大明汇典》、《历代通鉴》等书。

明代北京的学术思想也很活跃。明初为强化封建专制，控制人民思想，大力宣扬封建道德的忠君、孝亲等。迁都北京后，明成祖出面强调推行"四书""五经"并提倡宋代朱熹的观点，进行思想控制，还指令臣下编《孝顺事实》《神仙传》《列仙传》，并亲自作序。还出现《五伦》《明伦大典》等宣扬封建道德的书籍，抑制人们的思想。随着明代社会经济的发展，封建伦理意识逐渐被动摇，如王仁的思想就有着反对封建传统观念的因素，影响北京的学术界。明末李贽（1527—1602），具有强烈的反对传统封建思想的观念，公开否定儒学的正统地位，著有《李氏藏书》《焚书》等。

文学及艺术 明代专制思想禁锢及于文学艺术，朝中官僚们的"台阁体"文盛行，内容多为歌功颂德，一般文士则提倡复古以回避现实。之后，随着城市经济的发展、繁荣，市民阶层兴起，民间文学随之发展。明北京流行的长篇小说有吴承恩的《西游记》，施耐庵的《水浒传》，罗贯中的《三国演义》。明代还产生《警世通言》《醒世恒言》《喻世明言》《拍案惊奇》等短篇文集，收录了多篇唐、宋、元、明各代作品，内容多为历史知识、现实社会知识等，对人民生活、社会活动提供了许多宝贵借鉴，受到北京市民的欢迎。

元亡国后，盛行的元杂剧没落，宋、元时流行于南方的南戏，因其与人民联系密切，得到发展并传入北京。但明廷在北京的封建专制不允许这些带有人民性的南戏（明时称传奇）流行和演出，不仅剧作受到焚毁，演出甚至收藏者都要遭到殃及。明廷只准许那些教忠说孝、宣扬礼义纲常的戏剧在北京演出。明中叶后随着市民阶层的需要，禁律渐弛，流行于民间的传奇《荆钗记》《白兔记》《拜月记》《杀狗记》等得以拥入北京演出，丰富了北京城的娱乐生活。嘉靖年间，太仓人魏良辅将流行于南方的唱腔加以改造，形成"昆山腔"（昆曲），昆曲从此开始。万历年间，昆曲传入北京，汤显祖创作"玉茗堂四梦"，包括《紫钗记》《邯郸记》《南柯记》《还魂记》4个剧本，其中《还魂记》又称《牡丹亭》，最为著称，都以昆曲的形式在北京演出。

科学与技术 明定都北京后，在元大都城东南角楼上设立观测台，仅为观测，未放天文仪器。正统三年（1438）铸铜浑天仪、简仪放在台上，并由明英宗御制铭文刻在仪器上。其后又造璇玑玉衡放在台上。明末崇祯二年（1629），科学家徐光启请按西法制造象限大仪、纪限大仪、平悬浑仪、交食仪、列宿经纬天球、万国经纬地球、平面日晷、候时钟等，还有望远镜，得到明廷允许。徐氏次年奉命修历，并著有《测天约说》等20卷报送明廷。他研究科学技术广泛，尤其致力于研究农田水利，将历代农业水利经验整理成《农政全书》，包括农业技术、水利技术、园艺、畜牧、农具、桑蚕技术等内容。徐去世后经他人整理，于崇祯十二年（1639）刊行，对明、清两代农业生产有巨大影响。

明代医药科学也很发达。名医吴杰因医艺高超被征聘到北京入太医院任职，多次为明武宗治病，并担任侍从医生。针灸名医凌云，治疗垂危病人及绝症，经他针治立见功效，明孝宗知其名，召凌云到北京任御医。药学家李时珍经30年收集资料，阅书800余种加以补充、修正，写成《本草纲目》。万历年间宋应星著有《天工开物》一书，研究农业生产技术、工业生产技术，内容有纺织、采煤、制纸、制糖、制瓷、榨油、制造染料、金属冶炼等，涉及机械、化学、采矿各学科。

中西文化交流 明万历九年（1581），意大利人利玛窦到广东肇庆传教，把西方文化，包括哲学、艺术、自然科学带到了中国。万历二十八年（1600）前往北京，希望觐见明神宗，传来西方先进的科学知识。利玛窦与徐光启合作，翻译了《几何原本》，丰富了中国原有的几何知识。其后徐光启又将利氏的《测量法义》译成中文。利氏还有《同文算指》一书也传到北京。徐光启又将熊三拔的《泰西水法》译成中文，汤若望的《远镜说》也传入北京。王征和传教士邓玉函合译了《远西奇器图说》，介绍了西方的物理科学知识。徐光启向利玛窦学习西方科学，就有火器一门，并建议明廷制造火炮用于军事。天启年间，明廷召集西方传教士到北京助其制造火炮、火枪。教士汤若望与焦勖合著《火攻挈要》，其中详列造炮技术、炮台设计、火药制法、炮弹制法、火炮用法等。利玛窦来中国时即带有他制作的天文仪器浑天仪、日晷等，并向徐光启传授天文知识，在中国写出《乾坤体义》《经天该》等著作，他还与李之藻合译《浑盖通宪图说》，介绍西方天文学。带来《万国舆图》，介绍世界五大洲，使当时的中国人初步通晓世界知识。利玛窦还将一些中国典籍译成西文，传入欧洲，其中有"四书"及其他著作。

清代的京师（1644—1840）

清朝定都北京及其政略

巩固政权的措施 明崇祯十七年（1644）四月三十日，李自成率农民起义军从北京撤走。清军向北京进发，明朝廷上层文武官东出京城五里拜降，北京人民不知消息。五月初二清军入朝阳门，官民相顾失色，人民及下层官吏憎恶清军入城。清摄政王多尔衮入据明宫，安抚明廷官员。当年十月，清顺治帝福临从沈阳迁到北京，颁诏即皇帝位。满族人口稀少，其军队在进入山海关时仅20多万人，无力统治幅员辽阔、人口众多的国家。但多尔衮继承皇太极利用汉族降官、士人的政策，在定都北京后宣布：重用明降官及士人，对原明廷各官员俱照旧录用为清朝官员，凡逃避战乱返籍、隐居山林的也召回任职，对归降官吏升级任用；对原明被革斥官吏只要不是贪赃者，或山林士人，有才有德，都征辟录用。这些措施维护了故明官吏队伍及士人的利益，受到拥护，认识到辅佐清廷带来的利益。

清对故明宗室也做出安抚，礼葬崇祯帝后，令臣民服丧，对明宗室诸王仍允许保留封号，并给银两等经济供应，保护私人财产。清对人民采取的安抚措施主要放在减少明代苛重的负担上，如免除明代的"三饷"；欠税一概免除；关口商税免除一年；清军经过的地方免减田赋之半，未经过的地方亦减去三分之一。所有田地免租3年；对城市中的孤独人及乞丐，给予食粮供养；实行大赦；对人民的服饰，仍存明制，不随满族改变；取消入北京前的"薙发令"，改为薙发自由。这些笼络办法，虽一部分为权宜之计，但缓解了人民负担，对久困于明末苛政的人民，足以减少以至消除反抗心理。

民族压迫 满族入主中原，因其贵族的经济需要及民族征服的优越感，在采取巩固政权之策后不可避免地出现民族压迫。清入关后即发布上谕指出，近畿各州县的无主荒地及前明皇亲、宗室诸王及公、侯等留下的无主庄田很多，应该清理，有主的由本主量口给予使用，无主的分给东来（满洲）诸王、勋臣、兵士等做安置之用。此处所称"无主"田地，实则是将人民之田地指为故明官庄，强行占夺。清廷继又决定，准许无衣无食、饥寒切身的汉人投充旗下为奴，这个命令使大批被圈占土地的农民及有地而无依恃的农民大批投充"旗下"，奴婢队伍迅速扩大。清廷还允许在京城强占居民房屋，作为八旗驻军之用。

清入关前，皇太极几次入长城以南与故明作战，大批汉人被清军俘虏去东北，据统计共掠走近百万人，到东北后多分给各旗充当奴隶，因不堪非人凌虐，时有逃亡。清廷为维护满洲农奴主的利益，制定严酷的逃人法去制止，对逃亡农奴及"窝藏者"用死刑及全家流放惩治，但结果是"法愈峻，逃愈多"（《清世祖实录》卷八十八），迫使清廷在顺治中期弛缓实施逃人法。

多尔衮在进入北京前曾下令汉民薙发从满族习俗，因遇反抗而收回。顺治二年（1645）攻灭南京福王政权后，实力增加，又下严格的薙发令，视反对者为"逆命之寇"(《东华录》)。清廷认为汉人是否薙发为是否归顺之标志。还强制京城汉民改穿满族服饰。薙发、改装严重挫伤汉族人民心理，直到太平天国起义时仍以"中国有中国之形象，今满洲悉令削发，拖一长尾于后，是令我中国之人变为禽兽也……胡衣猴冠，坏先民之服冕，是令我中国之人忘其根本也"(《奉天讨胡檄》)，作为声讨清廷的罪行。

"盛世"的政治　康熙二十二年（1683）台湾归入清代版图，设为隶属福建省的台湾府，全国统一。康熙帝开始文治政治，认为必须用汉族治术治国才能使满洲贵族的政权长治久安。首先是对明代旧臣及有影响的士人进行笼络，在北京设立博学弘儒科，令各省举荐品学兼优者来京亲试，录取授官，任职翰林院修撰明史，造成朝廷上下文治气氛。既提倡文学，优礼文士，又征求群书，核心目的是通过研读提倡理学，巩固封建统治。朝廷大量编撰著作，教育士人广泛读书，实用宽政，通过多次免除赋税和兴修水利去关心民生，开放矿禁、减轻赋税发展生产。

朝廷禁止贵族、官僚结党，惩办科场舞弊，大力整顿吏治，惩治贪污，并严禁纳贿及纵属害民。对贵族进行抑制，禁止宗室与官吏相勾结，采取奖励开垦、免除正税杂税、开放海禁等有惠民生经济等措施。还对僧道进行清理和淘汰，对出家为僧道严加限制，有利民生与生产。

清廷连续采取加强封建专制的措施，中央机构沿用明制，不设丞相，皇帝直接过问六部事务而由内阁传达章奏。雍正年间设立军机处，由皇帝任命的军机大臣组成，把清廷的行政、军事、财政等大权都集中到军机处,由皇帝掌握,加强皇帝个人专制。

康熙朝在"宽政"下,开始禁锢思想的文字狱、残害士人,雍正朝继续兴文字狱,抑制人们的思想言论;乾隆朝,宽严并施,文网更加严密。对汉士人、官吏语言文字有误即指为诽谤,屡兴大狱,并对文字之案多援引谋反律处置。文化、学术多受摧残,士人及其家属动辄被杀害、流徙关外为奴。文网严酷,导致不肖官吏处理文字案时诬陷风行,以取悦上司及朝廷,造成人人恐怖自危,形成文化上的禁锢,阻碍了时代进程。

多民族国家的政治中心　清统治者入关前即同蒙古族保持密切关系,入关定都北京后,统治广大汉族地区和人民,联合汉族士人官吏共同执政,亦有蒙古族人参预军政,所以清政权从一开始即以复合民族政权的形式出现。顺治年间,清廷与蒙古、西藏的上层频繁接触和联系,如加强对蒙古地区的管理,设立"盟""旗"等行政单位,由清廷的理藩院管理,其主官也由清廷任命,可见蒙古已是清王朝的一个民族成员。顺治时清廷与西藏也加强往来,西藏的使节多次来京城朝贺和进贡,顺治九年(1652),达赖喇嘛亲自来到北京,由顺治帝接见、赐宴。

康熙二十二年(1683)全国统一后,清王朝开始向周围进行武力开拓。其原因是全国统一后,经济有了较大发展,封建的生产关系面临被突破,人民的思想意识开始活跃,对封建的上层建筑构成了威胁。因而,清统治者利用开拓边境去缓解矛盾。从17世纪末开始,清廷的拓边战争进行约百年之久。康、雍、乾三朝的开拓边疆,使周边多个民族如蒙古、维吾尔、回族、藏族、苗族、瑶族等都附入中原，从那时起中国成为多民族的国家，各民族人民经济、文化上的联系和加强，使边疆与内地交往密切起来，清廷的政令普及各地，北京成为多民族共同的政治中心。

清王朝的中衰 乾隆后期到嘉庆年间，清王朝从"盛世"逐渐走向中衰。首先是财政枯竭。康熙到乾隆时，国库充实，收入大于支出。乾隆年间军费开支达1.2亿两以上，但当时国家收入每年仅3000余万两。乾隆帝本人用度奢侈，好大喜功，常借各种庆典、巡游、兴建等活动大量挥霍，使清廷财政陷入困境。其次是清政府官吏贪污。到乾隆后期，清廷由和珅专权，贪风转炽。和珅在乾隆四十年（1775）以后执政20年，掌财政、司法、民政大权，"贪黩无厌，征求财货，皇皇如不及"。嘉庆四年（1799）被查抄后，官方公布他的家财有2.2亿两白银，但据当时相关推算，和珅家财当有8亿两，超过当时国家10年的财政收入。官府机构的腐朽、败坏，皇室、官吏的搜刮挥霍，使人民大众处境悲惨，北京的劳动人民在层层剥削下生活艰难。清王朝入关前所倚靠的军队八旗兵，在康熙中期就因生活腐化而失去战斗力。到乾隆时，主要是利用绿营兵进行拓边战争，乾隆中叶至嘉庆时，绿营兵也因腐化而失去作用。

清王朝的残酷、腐朽统治，激化了社会矛盾，引发了人民大起义。人民起义的主要力量是有悠久历史的白莲教，其中一个支派称天理教，活动于北京地区，其首领林清于嘉庆十八年（1813）在京城发动起义，攻入了清王朝皇宫。在众寡悬殊的情况下，起义者失败，林清等领导者被俘。林清等仅用200余人即按约定攻入宫城，是对清帝及其保护者的一个重大打击，说明清王朝的鼎盛年代已经结束，面临着未来更多更大的风浪。

京师城市经济

官营手工业 清代京师的官营手工业分为内廷手工业及官办手工业两部分，清初仿明代宫廷二十四衙门设立十三衙门，其中的尚衣监、尚方司、惜薪司、兵仗局、织染局等为宫廷手工业生产部门。康熙初年，因十三衙门系太监执掌，予以裁撤，设内务府，由其下的广储司、营造司、武备院、养心殿造办处承担内廷生产职责。广储司为储存部门，还具有制造职能，共为7个"作"，有银作、铜作、染作、衣作、绣作、花作、皮作。还有帽房、针线房，产品均供应皇室使用。营造司负责建筑工程及用品制造，有铁作、漆作、炮作（木工制品）等。武备院负责制造军需用品，下设有鞍板作、熟皮作、靴皮作、毡作、帽作（制作战盔）、杂活作等。这两司一院统归内务府。内务府还设有织染局，承担为皇室制作织品及染色业务。清宫廷中另设"造办处"，承担宫廷用品的制造，其下单位有舆图房、活计房、如意馆（制作绘画）、金玉作（制作金玉品）、造钟处、炮枪处、鞍甲作、弓作、珐琅作等。

内廷手工业技术力量较强，许多产品质地优良。如珐琅作生产的珐琅器皿，造办处玻璃厂生产的玻璃器皿（又称料器），金玉作生产的玉器,均为杰出之作。印刷术也有突出成就,雍正时造办处即用铜活字排印《古今图书集成》达万卷,乾隆时又创造木活字印刷法,用以排印书籍,称为"聚珍版"。内廷手工业外,官办手工业多为工部管理。工部在北京办有炮厂、火药厂、窑厂、木厂、军器厂、盔甲厂、官煤窑、宝源局(铸币)等。官办手工业的服务、供应对象为宫廷、衙署、城市民众等。清京师内廷及官办手工业的管理机构为政府委派,其生产者有匠(技术人员或技工)、夫(普通工),分为坐住(固定)、雇觅(临时)二种,前者人身束缚较强,后者为工资制,但待遇低微。

私营手工业 城市私营手工业自明代中期开始发展、兴旺,形成百工杂作奔走衣食局面。到清代,京师私营手工业进一步发展,民间刺绣、玉器业、牙雕业、玻璃业、花业、衣帽业、食品业、制药业、制酒业、采煤业等,都达到新的水平。

清代前期,京城的制药业、造酒业发展突出。制药业从明代沿袭下来,至今的名店同仁堂、万全堂、鹤年堂都是清前期开设。药店药材来源河北省和东北等地,自行加工,制成各种丸、散、膏、丹的成药,投放市场供应各地。

北京从明代产酒即已著称,著名的有浆酒、荷花酒、薏苡酒、羊羔酒等。清代随着都城及皇室的需要,酒坊、酒品在全国最多,不但民间制酒、清宫廷也制酒。京师酒坊所产之酒有雪酒、冬雪、木瓜干榨等名品。还制作药酒,用做保健品。

煤的生产在北京历史较久,可上推至辽、金时期,到清代时,煤和京师人民的生活更是密不可分。乾隆时,京城百万户居民生活全靠西山出产的煤作燃料，京西宛平、房山等处有煤窑 200 多处，人工开采，国家收税，劳资关系是雇佣工资制，工资微薄。京师铜制品业、铁制品业、木器和皮革制品业的手工业作坊也有相当数目。京师私营手工业中，工艺制品中的制花业、宫灯业都很兴旺。玉器作坊制品达到很高水平，除供应宫廷贵族享用外，还行销各地以致海外。京师私营手工的鞋、帽作坊在明代后期即已兴起，清代形成许多名牌制品。

商贸业 北京作为清代都城，集中了皇室、贵族、文武百官及其眷属，以及社会巨富大商人等，其高额消费、奢侈享乐的需要，是都城商业繁荣的基础。京师成为全国货物总汇之地，商品交换活动兴盛。京师主要的陆上通道是出广宁门通过卢沟桥南行，再南有多条支路，通达内地 18 省。京城向东的陆路，是出朝阳门经过通州、三河直达山海关，出关通往东北各地，把东北的人参、皮货、大豆等运来京师供应京城或转销各地。京师西北方陆路通道是由居庸关达张家口、内蒙古等地。京城水路有京杭大运河从南方直达通州。

京城商业的经营形式，约分为店铺、行商、摊商 3 种。店铺亦称坐商，有固定经营场所，有的店铺是手工业作坊和经营的门市连在一起的，制、售一体，成为亦工亦商。行商多为外省各地来京贸易者，没有固定的经营地点，流动性较强。外省商人来京贸易，必须经过崇文门税关纳税，久之，常进京经商者为寻求固定住所及囤货地，在崇文门东、西的地方设立商业会馆，亦为信息交流及商务洽谈的场所。摊商亦称摊贩，多为无力设铺或临时贸易者，临时在商市、庙会设摊经营，如大清门前的棋盘街就是"四围列肆长廊，百货云集"(《宸垣识略》卷五)。此处的"肆"即为摊贩。又如前门外地方，各庙会营业时也都由摊商经营。京师市政当局对铺商、行商、摊商都进行监督管理，各行都设有"官牙"，负责收税、评价、处理商务中的具体事务。

市场与集市 清京师商贸业繁荣，表现之一是市场和商业区、集市众多。内城的商业区在东、西大市街及地安门外大街，这些地方店铺林立。内城东部的灯市口为定期商市，隆福寺、护国寺为定期庙会集市，棋盘街为长期的集市。内城的东四牌楼、西四牌楼、新街口等处也有集市。还有专项商品的市场，如东四牌楼西街有马市、羊市，西四牌楼南有缸瓦市等。

清前期京师外城商业尤其发达，顺治初年满汉分城居住，从内城被驱入外城的居民，其富有者投资商业，在外城经营；京郊地主投资商业也只能在外城经商；外省进京经商的人投资设店也多在外城，使外城成为重点商市所在地。

钱币金融 清代流通领域通用的是制钱，铜质，由外省运送铜、铅等原料到京师，在户部下设的宝泉局所设炉中制造，圆形中有方孔，为铜、铅合金(铜占七成，铅占三成，每文重一钱)。正面铸年号，背面用满文铸"宝泉"。最初每年额铸30卯(每卯2880串，每串1000文。串又称"吊")。按清政府规定，每1000文铜钱折合白银一两，但市面上每两白银只抵制钱七八百文，甚至更少，形成"钱贵银贱"。康熙二十三年(1684)增至每年40卯，到乾隆二十五年(1760)又增至76卯。国家及社会白银量多，币值较高，反映出财政上的稳定和人民生活安定，标志着清代"盛世"景象。其后随国库开支增大，支银增多，银价渐贵，到嘉庆四年（1799），因民间钱价日贱，经常减铸，反映出政府财政支出加大，国库逐年出绌，经济已渐困难。

清政府的户部，由满、汉侍郎（部的副长官）分管宝泉局事务，宝泉局主官为监督，每年换人一次。政府官吏薪俸及军队官兵薪饷，均以钱、银搭配发放，其分成办法每年有变动。

在钱贵银贱时期，清政府曾定出用官款外借给商民、收取利息以增加财源的政策。京师的官营银号、钱庄、钱铺除去实行兑换外，还将官款放给典当铺户，收取利款。典当铺有的官营，有的私营。乾隆前期京城官私典当铺即有600多家，有皇室、内务府、官方开设，也有商民开设。

银号、钱庄、钱铺经营存款、放款收利，是当时的金融机构，贷款只要有担保人即可；典当业则需以实物做抵押品，由典当人到期还款付息赎取，如不赎取还款付息，抵押物即归典当铺所有。典当铺也有为官私方存款付息的营业，也起着金融机构的作用。

京师农村经济

官田是归国家所有而不属于任何私人所有的土地，包括清廷入关后在近畿一带圈占的土地、汉人投充后献出的土地，以及公有土地如牧地、学田、祭田等。圈占的土地和汉人投充的土地，分别作为皇室庄田、宗室庄田、八旗庄田及防守旗军官兵的旗产，这些土地由内务府、宗人府等管理，不归地方政府管理。

庄田统称官庄，分为粮庄（负责供应粮食）、园地（分为果园、菜园、瓜园，负责供应果品及蔬菜等产品）。"大庄给地亩四百二十至七百二十，半庄二百四十至三百六十，园给地亩六十至百二十或百八十"。官庄设庄头，另分给他们土地使用，"给绳地，一绳四十二亩，其后编地各庄头田土分四等，十年一编定"，其数目不固定。八旗官兵分得的旗地则是归个人耕种的小块土地（参见《清史稿·食货志一》）。

在官庄中从事生产的人称为庄丁，满洲八旗入关后带有奴隶制残余观念，庄丁在庄田中的劳作是在庄头强迫下进行，没有人身自由，实际上是半奴隶身份或农奴身份，对生产并不感兴趣，常发生逃亡，损害奴隶主的利益。久之，清廷在官庄、旗地也推行了汉地的租佃制，庄园、旗地由汉民承租自种，向庄园交租；在零散旗地中也实行将土地租给汉民去耕种，旗人坐收地租的办法。京郊官田普遍实行着封建性的租佃制，汉族农民虽亦忍受着满洲贵族、旗人的苛重剥削，但人身不再经受过度的强迫奴役，较有动力去从事生产，为农业生产的恢复创造了条件。

京郊官地的一个突出现象，是旗人私卖分到的旗地。对旗人私卖官地给汉民，清政府多次采取动用公款予以赎回，但随赎随卖，一直延续到嘉庆时期。清政府虽多方禁止，但收效不大。旗地通过旗人的典、卖给汉人，其中不能收赎的，归于汉人私有，变为民田，这是民田得以增加的原因。为稳定农业生产，清政府规定凡经赎回的旗地，仍归原佃户承种，如庄头、势豪压佃者治罪，这样免除了佃农失业带来的问题。

民田 清代约有九种：一是圈地时未被圈占的私有土地；二是船地，为漕运户从政府所领地亩，这种地为运船裁撤即予收回；三是兑补地，为民地被圈之后政府从官屯田土地项下拨给作为补偿的土地；四是备边地，指山边、水边、草边的土地，以这些地给平民，以所收田赋充作边饷；五是续边地，是经政府查出起科的土地；六是马房地，原为明代牧马厂，厂废后由士民开垦的土地；七是夹空地，亦为私人垦地，在决定田赋时所没有丈出的旗、民地交界处土地；八是卫地，明代驻军各"卫"所用土地，明亡后归属于民所有；九是增地，为备边、马房等土地已荒，又由人民开垦的（《光绪顺天府志·食货志三》）。

清初，曾制定奖励士民开垦荒地的法令，"凡州县卫无主荒地分给流民、官兵屯种，如力不能垦，官给牛具、籽种，或量假屯资，次年纳半，三年全纳"（《清史稿·食货志一》）。到康熙时又规定士民垦地二十顷的，经考试可任用为县丞，百顷的以知县录用，并规定头 3 年可不征田赋，后改 6 年、10 年。雍正时又规定开垦水田 6 年不纳赋，旱田 10 年不纳赋。这些优惠条件，促使近畿土地大量被开发，增加了民田数额。

税收 民田由政府征收田赋，开始时分为地粮、丁粮（人头税）并收，到康熙五十二年（1713），清政府决定"滋生人丁，永不加赋"，以康熙五十年（1711）的全国人丁数的 2462 万余口的数目作为丁银（人头税）的定额征收数，以后再出生人口，不再增收人头税。当这个数目缺少时，再以新生人口去补。雍正元年（1723）又实行"摊丁入地"的办法，把固定的康熙五十年（1711）的丁银（以人口2462万余计，共约丁银335万余两），按照各省不同的比数摊入田赋银中征收，人口增加时不再增加人口税。顺天府征收的标准是田赋每两摊收2钱7厘的丁银。此办法实行后，无地农民不需交纳人头税，不能因人头税而失业或逃亡，有地人家对人头税的负担较公允，不至过重，是一税完善而有利于发展生产的税制。由于不再有人头税压力，全国人口直线上升，一是人民不需再匿报人口；二是利于人口滋长。雍正初年，全国人口统计为2600万左右，到乾隆八年（1743）即骤增至1亿多，乾隆末年则达到近3亿，道光中期超过4亿，为当代中国人口的众多打下基础。

农产品 清代前期北京郊区的农产品，首推粮食作物，主要为黍、稻、麦、豆等。黍圆形，俗称黄米，性黏，可以做糕、酿酒，是京郊特产。稻是京郊传统粮食之一，清代康、雍、乾三朝政府大力提倡种稻，产地广泛，稻米有多种，有杭稻、糯米、粳米，还有玉糖稻、马尾稻。稻有水种，也有旱种。有红色、白色。麦类有大麦、小麦、荞麦等种。稷类俗称小米，黄色，粒小而不黏，京郊特产，可做饭用。当时稷类也指高粱，但产量不多。粟类亦称粱类，即玉米，是京郊各县的一种高产作物。豆类也是京郊各县主要的农产品，其种类有青大豆、黄大豆、黑大豆、白大豆、褐豆、紫豆、虎斑豆。还有黄小豆、赤小豆、白小豆、绿豆等。

京畿菜蔬作物的产品也很丰富。白菜种类较多，主要有青白二种。油菜冬种春起，叶可做菜，其花结子可榨油。韭菜是京郊多产蔬菜，一年可生长四五次，割而复生。萝卜类有水萝卜、红萝卜、白萝卜、胡萝卜。瓜属作物，有冬瓜、南瓜、丝瓜、甜瓜、西瓜等。还有葱、姜、辣椒、茄属、菌类（俗称蘑菇）、黄花菜、红花菜等。

京畿盛产果品，有樱桃、桃、李、杏、梨、苹果、枣、栗、山楂、无花果、石榴、落花生等。其中有一种樱额，树生，性温补脾，夏天极美，秋天结实。

农村社会生活 京畿地区存在两种经济地位截然不同的社会群体。官田的管理者，包括庄头、庄丁、壮丁等，虽不是土地所有者（官田为国家所有），但对于佃户来说是土地出租者；以及民田的所有者（地主），处于占有生产资料的地位。官田（皇庄、粮庄、王庄、旗庄）及民田的佃户（租用土地者）不占有生产资料（土地），以出卖劳力生活。官田的庄头及汉族地主，除去在农村收取地租剥削佃户、榨取财富外，许多还依仗政治势力欺压农民，横行不法。农民在他们的压迫下，苦难深重。

京师文化

学校 京师设国子监,是全国最高学府,相当于国立大学,直属于清廷。国子监设祭酒、司业主持监务;设监丞负责监督师生;其教学人员有博士、助教、学正、学录等,教诲诸生;设典籍负责监务管理、图书管理及收支钱粮。入国子监学习的,有恩贡生、拔贡生、岁贡生、优贡生、副贡生、功贡生等,称生员。恩贡生来源于国家恩选,拔贡生为各省举荐,岁贡生与优贡生来于每省学政所择优,副贡生来源于乡试中副榜者,功贡生为从军以功升入者。还有官员子弟作为府监生入学。国子监的课程设置,由博

国子监街

士讲授"五经",其他教学人员分讲"四书""通鉴"等,学习方法有覆书、上书、覆背等。对监生的要求是每天用楷书写作600字以上,每3个月由祭酒进行一次季考,每月由司业进行一次月课(作业)。各类监生坐监(学习)时日有别,省亲、完姻、丧葬有假日,违限由地方官提取。

地方学校制度有府、州、县学,顺天府设府学,除大兴、宛平两县不设县学外,顺天府各州县均设立州、县学,学校均设有教授、教谕、学正等,主持教学。州、县学一律吸收童生,由地方官考查吸收入学,有一定名额,大州县50人,一般40人左右,称为诸生。其待遇,诸生入学后均免本身徭役,对贫穷无力向学的,以学田租给以接济。州、县学诸生肄业后由本州县当局考试录取入顺天府学,优秀者称生员。学习制度每月有月课(作业),每季考试。府学诸生岁考优秀者升入国子监,次者给奖,劣者除名。京师还设有八旗官学。

除官学外,清政府自雍正时起又提倡设立书院,作为士人讲学的场所,以补学校不足。书院也作为士子群聚读书的地方,并由政府拨给经费。各州、县也有的设书院。

为使无力请教师的学童求学,清政府还在京师开办义学,由地方官聘士人任教,酌给薪金及经费。

科举 清代科举仍依明代制度进行,在京诸生3年应顺天府乡试一次,考中的称为举人,副榜称副贡生;次年再应京师会试,考中的称贡士,再参加皇帝亲试的殿试,考中的分为三等,即三甲。一甲仅录取三名,头名称状元,二名称榜眼,三名称探花,赐进士及第；二甲每次人数各不同，均赐进士出身；三甲亦每次若干名不等，赐同进士出身。科举考试内容分3场，第一场为书艺及经艺，即以四书五经的内容知识作政论文；第二场测试考生草拟诏令等；第三场测试考生运用经史的知识、经验制定时务策（解决实际问题的对策），了解其行政能力。考试内容，完全是选拔运用经史作为统治术去指导实际应用、治理国家的官吏。清政府从三级考试的合格者中选拔、任用官吏，其中最占优势的是一、二、三甲的进士。一甲的状元、榜眼、探花，往往被录用在清廷中央的学术部门如翰林院等机关中任职，如状元可担任翰林院的修撰，榜眼、探花可任编修。二、三甲进士的优秀者可任翰林院的庶吉士，或各部主事（司以下的官吏），一部分进士外任知县。会试中试的贡士可外任知县，在人才缺乏时，举人也可被任为知县，但举人一般都可任知县下属官吏，如县丞、主簿等。

清政府自从进关定都京师后，即对科举选拔官吏人才一事高度重视，对科举中作弊的官员惩治非常严格。

外省应北京的会试、殿试士人聚集京城，考试后落第者占多数，许多人为等待三年后的下一次考试，逗留京城苦读。为解决住处，各省、府士人集资捐款在京城建立会馆，供本地留京士人居住。这些会馆也称为文人试馆，多为购地建立或利用私人住宅改建。应试士人大多聚居宣武门外。乾隆时，是建立试馆最多时期。

学术 清初定都北京即确定了兴文教、崇经术的文化政策。康熙帝自幼好学，推行此策尤力，即位后国内次第平靖，渐兴文治。为巩固统治，优礼士人，康熙十七年（1678）举办博学弘儒科，选拔优秀士人用为清廷顾问及修撰骨干，由各省举荐，经过殿廷考试，取中50名授以文化官职。十八年（1679）设立明史馆，编修明史。二十五年（1686）下谕购求历代遗书，令各地访求民间藏书，汇送清廷礼部。康熙一朝所修书籍很多，所成重要典籍有33种之多，尚不包括所编一般著作。康熙三十九年（1700）编大型文献汇编，定名《古今图书集成》，10年后书成重校，最后在雍正朝印成，原定32志，后改32典6190部10 000卷5000册，采用铜活字版印制，雍正帝称该书"贯穿古今，汇合经史，天文地理皆有图记。下至山川草木、百工制造、海西秘法，靡不具备，洵为典籍之大观"。除汉学外，康熙帝还研究提倡算学、地理学，四十三年（1704）派人考察黄河之源。

乾隆初年继续举办"博学鸿辞科"（为避弘历之名，改弘辞为鸿辞），令各省保荐人才。乾隆元年（1736）亲自在保和殿考试被荐人才，参加的被荐人员有176人，录取15人；次年又在体仁阁考试，录取4人，分别任为官职。乾隆朝编书数量远超过康熙，据统计大部头书即达96种。乾隆三十八年（1773）决定整理《永乐大典》，并搜罗全国图书，历经10年，其成果分为经部、史部、子部、集部，定名《四库全书》；共收入书籍3461种，共成书36 300册。

文学艺术 京师为清代文化中心，擅长各种文章体裁的名士多集中在此，许多知名文学作品也在京师社会上传播、流行。其中有代表性的有：经学研究家方苞，文学散文出众，著有《方望溪全集》。清初诗人钱谦益，著有《初学集》《有学集》等诗集。

诗人王士祯，著有《渔洋诗话》等。诗人兼词人朱彝尊，著有《诗综》《词练》等。词家纳兰性德，著有《饮水词》。士人吴敬梓著有小说《儒林外史》，曹霑（雪芹）著有小说《红楼梦》，李汝珍著有小说《镜花缘》，孔尚任著有戏曲《桃花扇》，洪升著有《长生殿》。

京师戏曲演出分为宫廷和民间两方，宫廷演出多进行政治说教，作者多为清廷词臣。民间戏曲演出剧目多种多样。北京的许多曲艺是八旗子弟带来的曲调结合当地流行的民间故事创造而成。京城还盛行说书。

中外文化交流 明代末期，西方科学知识开始传入中国，尤以天文历法著称。清顺治二年（1645），传教士汤若望向清廷上书，呈进新历法，并送西洋天文仪器，清廷遂任汤若望与南怀仁为钦天监官员，编写《时宪书》向各省颁布实行。康熙初三藩乱起，南怀仁为清军制造火炮120门、轻便炮320门，并在卢沟桥试射成功，深得康熙器重。康熙时先后聘任西方学者多人到宫中讲学。康熙帝在三藩乱后即决定编绘全国之地图，称《皇舆全览图》，依西人主张采用其技术实地测绘。各省均制分图，最后汇集为全国的总图，其后中国绘制的地图大多以此幅图为参考。

中国传统文化也对欧洲发生影响。自从中国与欧洲发生联系之后，中国的文化也传入欧洲。法国传教士李明来中国后写成《中国现状回忆录》《中国礼仪论》，分别在1696年至1701年出版，介绍中国文化，其后孔孟经典以及诸子百家学说都为英法学者注重。

京师城市管理

行政管理体制 京师地方政府顺天府直属清廷，从汉族大学士、尚书、侍郎等高级官员中"特简"（皇帝指定）一人任兼管府尹事大臣，即分管顺天府，其下为顺天府署。顺天府设府尹一人，正三品，总理京师地方政务，负责整肃京师，贯彻朝廷政令，监督下属官吏及顺天府所属州、县官吏，有升、降下属官吏之权。顺天府尹还兼理司法，有裁判权，其判决可直报刑部决定；有财政权，监督本府及顺天府地区的田赋、钱粮收支，上报户部。府尹每年陪同皇帝"亲耕"籍田，进行播种。府尹管理顺天乡试科举，在举行乡试时充当监临官，在清廷举行会试时，顺天府尹负责筹办及保障供应。设顺天府丞，为府尹的副职，协助府尹处理府务并专管学校、政令，在顺天府举行乡试时充任提调官。

顺天府治中，协助府尹及府丞处理府务，对府署及属州、属县官吏实行监察、政纪等管理，在举行乡试时负责试场场务管理。顺天府通判，掌理京城市场管理及处理违禁事件。

顺天府署还设经历、照磨，掌管府署文书档案工作。设司狱，掌管监狱工作。设儒学、教授两职，掌管学校教育的施行；设训导，协助工作。

顺天府还在四周州县分设四路厅，主官为同知。东路同知驻通州，南路同知驻大兴黄村，西路同知驻卢沟桥，北路同知驻昌平州南的巩华城，均设有衙署，代表顺天府尹治理四郊州县，其重要职责为"捕盗"，维护地方治安。

康熙四年（1665）清政府决定，京师各关税均交由顺天府征收、管理，府署由治中负责管理崇文门等各关税务。

京师顺天府署设在明代京师顺天府的基址，其地亦为元代大都路总管府公署，地点在今东城区交道口以西、鼓楼东大街以北的地方。

顺天府的大兴、宛平二县分治京城的东、西部，两县各设知县、县丞（知县副职）、主簿（掌文书秘书）、巡检、典史等官吏。京郊各州县有良乡、固安、永清、东安、香河、通州、三河、武清、宝坻、宁河、昌平州、房山、霸州、顺义、密云、怀柔、涿州、文安、大城、保定、蓟州、平谷等。

军事保卫体制　清初在兵部下设九门步军巡捕三营，管辖京城驻防，设步军统领统率八旗军队。康熙十三年（1674）改为"步军统领衙门"，主官称提督九门步军巡捕五营统领，此职在清代往往由亲王或亲信大臣兼任，秩级为从一品，相当于外地的总督。清初将京师内城汉族人民全部驱往外城，内城由八旗兵及其家属占据。八旗官兵环列皇城周围分层设防，目的是以武装保卫皇帝的安全，八旗兵均由步军统领统辖。外城设巡捕五营，也由步军统领管辖。步军统领下设左、右翼总兵，正二品（相当于外省的巡抚的秩级），辅助工作。步军统领衙门设司务厅（办公厅）司务1人，笔贴式（秘书）12人，左、右司郎中1人，员外郎（司的副职）、主事3人，都用满族人。中、高级军官有翼尉、副翼尉、协尉、副协尉满、汉、蒙古军各8人；捕盗步军校满军24人，蒙古、汉军各8人；步军校满军160人，蒙古、汉军各64人；委属步军校满洲40人，蒙古、汉军各16人；城门领（管理京城各门的武职）、城门吏满、蒙各门8人，汉军各门10人；门千总仅用汉军，36人。

乾隆四十六年（1781），驻防外城的巡捕三营增加，共有中、南、北、左、右五营，外城五城各驻一营，增强镇压力量，而步军统领的职权也不只是武装防卫，还要兼管稽查、门禁、缉捕、断狱、编查保甲、救火等，亦即兼管民政、司法等。

内城驻军，各旗下分为若干汛、栅栏，如皇城内由八旗满军驻防；皇城外、大城内由满、蒙古、汉八旗军驻防。外城巡捕五营的每营下也分设各汛，分别驻守在不同的地方。由于步军统领有断狱权，轻罪可自行审结，在内城的德胜、安定、东直、朝阳、崇文、宣武、阜成、西直8个城门均设监狱。

清政府规定，城防步军有清扫、防火之责，如大城内各街道遇有皇帝出入，由八旗步军铺垫、扫除，外城由三营兵扫除等。有火灾发生时，官兵各按营界即时赴救；遇外城失火时报知步军统领衙门，启正阳门往救。

社会治安管理 清代京师的治安主管机构多头，步军统领衙门、顺天府署、五城察院御史衙门、五城兵马司都有权责。所管的社会治安范围是：缉捕盗匪，查办人命事件，查拿逃人、邪教、赌博、结伙聚会等。

民政措置 清定都北京后，即在地方上建立社会管理制度。顺治元年（1644），在京城城郊及各地实行"总甲法"，规定居民每10户设一甲长，每百户设一名总甲，遇有治安事件时，由邻里报知甲长，甲长报知总甲，总甲申告于州、县。如住户有一家隐匿歹人，邻居九家及甲长、总甲不报告予以治罪。其后，甲长改为甲首，总甲改为里长，仍以十户为甲，百户为里，其职责偏重于户政，以征课税为主。到康熙四十七年（1708），清政府正式颁行"保甲之令"，确立地方上的保甲制度。

清政府运用保甲制度辅助地方官吏处理地方上的民政事务，在保甲之上，则由官方的五城巡察御史、兵马司指挥、各坊的司坊官管理民政。

京师的园林

畅春园，在京城西郊海淀西，康熙朝在明基础上改建而成。

静明园，在玉泉山处，康熙朝建。

静宜园，在西郊香山，清代以前香山即成为游览胜地。清初康熙帝屡临香山，陆续修建，到乾隆时已成为一座有山有水并拥有28景的御园。静宜园亦为行宫，其勤政殿为皇帝和群臣讨论政务之处所。

圆明园，在明代旧园基础上建立，雍正朝完成28个景点。

乾隆时又继续修、扩，最后成为 40 个景点。在清代京郊园林中，规模最大，作为行宫，皇帝不仅在此处理朝事，还接待外国使臣，举行节日祝贺等活动。

清漪园，金代即开发，有西湖。康熙帝巡视江南时对南方无锡的寄畅园很欣赏，画图回北京仿照修建此园，清代乾隆初年扩浚西湖，改称昆明湖，十五年（1750）在建大报恩延寿寺，为乾隆帝之母祝寿，并将瓮山改称万寿山，建成御园，二十六年（1761），清漪园建成。园内有载时堂、墨妙轩、就云楼、澹碧斋等。

长春园，在圆明园之东，乾隆三十五年（1770）建成。

乐善园，在西直门外迤北、长河南岸。乾隆十二年（1747），修复康亲王旧园，并定名乐善园。乾隆十六年（1751）建小型行宫。乐善园旧址今为北京动物园。

清人绘五园图

晚清的京师（1840—1911）

动荡的京师

　　清政府进行百年的开拓边境战争,造成乾隆朝的"十全武功",结果是耗尽国库财力,民生疾苦,导致嘉庆朝的人民大起义。道光朝前期,饥民遍布京畿,但京城的贵族、官吏、大商人、大地主却加重剥削搜刮,人民被迫"铤而走险",京城盗案迭发,社会治安日益败坏。清廷屡谕步军统领及顺天府加强保甲控制,"以核奸匿""实力稽查",终无实效,直至发展到大街上公然行抢。同时,随着四乡饥民大批涌入城中,事态日益严重。

　　《南京条约》签订后,鸦片合法进口,京城吸毒愈广,清王朝统治机构不仅腐化而且毒化,同时支付赔款及鸦片开支造成白银外流,经济危机迫来,人民生活更加困苦。太平天国起事后,进军顺利,攻占南方城市后决定北伐直取京城,并多次派军探进入北京侦察及组织民众,清廷震动,从外省调兵入卫京城。京城内的官吏、富人见形势紧张,纷纷外逃。各部衙门人员多数带眷迁出京城,城内居民也相继外迁,而留京居民则物质供应困难,物价上涨,难以度日。

　　《南京条约》规定开放5个沿海城市通商。咸丰七年(1857)英法联军强占广州,次年北上攻占天津,迫清廷签订《天津条约》。咸丰九年(1859)武装进京换约,实为挑衅,在大沽被击溃。咸丰十年（1860），联军对中国京畿地区发动大规模武装进攻。清廷决定武力抵抗，令僧格林沁决战，并动员民众，终因双方军器相差悬殊而败绩，京城震恐。八月八日，咸丰帝自圆明园北逃热河，令其弟恭亲王奕䜣与英法在京和谈。九月二日，英法联军放火焚烧圆明园，并大肆抢劫园中珍宝运回本国。九月五日，英法联军占领北京城，在城上驻兵，在街市抢劫、欺凌人民。清廷与英、法达成订立《北京条约》的协议，接受了对英法赔款、开放商埠、割让九龙半岛。九月二十六日，英法联军退出北京，英法联军之役以清政府的屈服求和而告终，西方进一步打开中国大门，清当权者只能顺应当时的形势采取措施。咸丰十一年（1861），清政府设立"总理各国通商事务衙门"（简称总理衙门），代替理藩院。名为处理通商事务，实际是办理与各国交往的外交机构，标志着清政府将对外事务纳入政府工作，改变了传统的视外国为"夷狄""藩属"观念。总理衙门的主官为总理各国通商事务大臣，其地位高于各部尚书，下设英国、法国、俄国、美国等股（部门）及司务厅、档案房，实为清廷的外交部门。

根据《北京条约》规定，外国使节常驻北京，开始在北京选择馆址，到同治年间，德国、比利时、西班牙、意大利、奥地利、日本、荷兰等国先后在北京设立公使馆。其后，各国公使面见皇帝呈递国书，所用礼仪等也很快地定下来，不但公使可以面见皇帝亲递国书，而且使用西方礼仪，中国传统的跪拜礼被否定。同治十二年（1873）同治帝亲政，即接受了日本、俄国、美国、英国、法国、荷兰公使面递国书。到光绪时，正常的外交活动进一步建立起来。

清政府开始任用西方人担任官吏，同治二年（1863），清政府任命英国人赫德为中国的总税务司，主持税务达40年之久，为中国制定出海关制度，通过海关税收增加了财政收入。

清末西方列强入侵，人民又兼受国内统治阶级的压迫和榨取，苦难重重。光绪二十四年（1898）义和团在山东出现，形式上带有宗教迷信色彩，实际是代表中国人民反对外寇侵略的诉求。光绪二十六年（1900）初，义和团深入京畿，迫近京城，声势很大。清政府接连发布上谕，令地方军政官员进行镇压，终因义和团在民众中深入人心，无法压服。因义和团的战斗目标是反对外国侵略者，驻北京各国公使见清廷镇压不力，都电请本国政府借口保护使馆及侨民，出兵镇压义和团，并于五月向中国出兵。中国统治阶级内部对义和团态度不一，有的企图乘机利用义和团的"法术"赶走各国，极力怂恿慈禧太后将义和团编为军队与各国开战。在清廷召开的一次御前会议上，有人传来西方各国通牒要求归政于光绪帝的信息，慈禧太后立刻转变态度，对义和团由压制变为支持，并在五月二十五日下诏对各国宣战，命令清军和义和团攻打驻京各国使馆。

由英、法、美、俄、日、德、意、奥等8国组织的联军，已先在五月二十一日攻占了大沽口要塞，在清军、义和团的坚决阻击下，六月十七日仍攻占天津。七月二十一日攻入北京。慈禧太后挟光绪帝仓皇逃出北京，京城失陷。联军入京，特许军队公开抢劫，军民死者无数。清政府流亡西安，向联军求和，光绪二十七年（1901），与各国签订丧权辱国的《辛丑条约》，除赔款400 005 000两白银外，还将京城东交民巷划为使馆区，由各国驻兵，中华民族的灾难愈益深重。

宣统三年（辛亥）八月十九日（1911年10月10日），由革命党人策动，清湖北新军起义，迅速占领武昌城。清廷上下顿起恐慌，除派军咨府、陆军部所属部队"赴鄂剿办"外，同时采取缓和措施，于九月九日下诏开放党禁，实行言论自由。清廷于九月十一日又宣布解散独占政权的皇族内阁，任命袁世凯为内阁总理大臣，组织新政府，掌握清廷全部军政大权。袁命令清军猛攻革命军，夺回武昌，以军事实力向革命党施压。驻中国的各国公使也都希望由袁世凯取代清朝，以达到继续保持其在华的特权和利益，向双方提出和谈建议。革命党人接受建议，并把希望寄托在袁世凯"反正"上，认为如袁世凯赞成共和，清帝退位，就是达到了革命目的，可以由袁担任大总统。当年底，孙中山先生回国并被十七省代表选为中华民国临时大总统，十一月十三日（1912年1月1日）宣誓就职，下令准备北伐清廷，反对妥协。袁世凯运用武力威胁，唆使其部将通电反对共和，西方各国也对南京革命政权多方攻击。革命阵营内部出现分歧，孙中山最后妥协，表示如袁世凯赞成共和国体，清帝退位，可以由袁出任临时大总统。袁世凯从革命党方面得到保证，在北京精心布置"逼宫"，命调自己亲信将领率兵入卫京城，压服清朝皇室贵族的反抗，并指使拥有军事实力的部将联名通电，力主共和政体，压制清廷退位。1912年2月12日，清帝宣告退位。

封建政体走向变革

咸丰帝在英法联军进攻北京时，从圆明园北逃热河行宫，不愿返京与外国人接触，命恭亲王奕䜣留北京与英、法谈判。奕䜣在北京与外国人接触过程中，能通权达变，也较能接受西方国家事物，又与留京高级官吏密切交往。这种局面实际形成两个政治中心，一是在承德的以咸丰帝为首包括其近臣肃顺的政治中心，坚持传统的排外政策，愚昧自大，对西方世界处于无知状态；一是在北京的以奕䜣为首的新力量形成的中心，不坚持盲目排外，肯于面对现实并多少有些开放头脑，善于与"洋人"交往。次年（1861、辛酉），咸丰帝病死，这两种政治力量的矛盾开始表面化。咸丰帝临终前遗命立其子载淳为皇太子（同治帝），任肃顺等8人为赞襄政务大臣，辅佐载淳。咸丰十一年（1861）九月二十日，两太后用同治帝名义下旨将辅佐载淳的8人革职议处。十月初九日同治帝即位，两太后垂帘听政，后任奕䜣为议政王大臣，实际掌握全部政权。奕䜣受到外国力量的赞许支持，是战胜对手的重要因素。奕䜣的执政，标志清政府对外封闭观念、封建政体走向渐变。

奕䜣掌政，鉴于外侮日深，倡议自强运动，首先提出练兵之策，针对八旗兵之不可用，提议清廷仿照西方添习火器，操练演艺。他以"练兵又以制造为先"的理由，主张向西方购入武器轮船，并令各省派员入京训练军队。同治元年（1862），在北京开办京师同文馆，聘请通晓中国语言的英国人来同文馆任教，约好只教外文，不准传教。该馆初设的目的为培养翻译人员，供办理中外交涉事件，馆内设立英文、法文、俄文等班，学制3年。其后南方上海等地也先后设立学习外国语言机构，促进中外交流。同治五年（1866），总理衙门认为如制造机器，必须培养数理人才，请清廷在同文馆内增加学习数理科学部分。其后遂陆续设立化学、算学、格致、医学等馆，传授西方进步科学技术。

各国使节驻北京后，其公使提出清廷也应向外派使，总理衙门也认为应派人使外了解彼方情况。同治五年（1866）总税务司赫德回国休假，希望带同文馆学生一二名去英国游览。总理衙门获准清廷，派3名官吏前往，遍游英、法、瑞典、俄、德各国，考察风俗并晋见国王、大臣等权要，历时8个月，对各国政体、科技、建筑、市容多有印象，是中国首次派人出国考察。同治九年（1870），曾国藩商得总理衙门同意，奏请清廷向外国选派留学生，计划4年内派出120名学童，经清廷照准，次年即派出第一批留学生赴美学习。

清廷派官吏到欧洲考察后，回来的报告引起震动，使朝廷内外耳目一新，有识大臣均主张向外派驻使节，互通情况。清廷又派官员2人出访美、俄、英等11国，在各国均受礼遇。后经周折，光绪元年（1875）定出派遣驻外使节章程，随后派出驻英、美、俄、德、日、西班牙、秘鲁等国家使节，职务有公使、参赞、翻译、随员等。使节派驻各国，西方对清王朝的影响日益加深。

　　清廷的自强措置，使西方的文化、科学逐渐进入中国，启迪着中国人民的智慧，冲击着中国固有的封建专制的伦理道德、意识形态，促进了封建专制政体走向变革。

　　同治元年（1862）到光绪二十年（1894）间，清政府开办一批西方式的近代工业。初多以制造枪炮轮船为主，后期却偏重民用工业，如设立矿务局、织呢总局、机织布厂、造纸厂、织布局、纺纱局、针钉厂、火柴公司等。这些企业使用新科技，发展了生产力，引入国外科学文化知识，使国内官吏、士人的观念发生变化，意识到必须进行体制改革才能使国家富强，赶上西方列强，抵御外侮。在外国侵略者步步进逼的情况下，进行改革图强成为迫切的要求。光绪二十年（1894，甲午）中日战争清廷惨败，次年签订《马关条约》，激起民愤。康有为联合应试举人上书光绪帝，吁请变法，提出"方今当数十国之觊觎，值四千年之变局""今之为治，当以开创之势治天下，不当以守成之势治天下"，并提出具体改革办法，受到光绪帝的重视，亲阅了康有为的上书并令他统筹变法全局。四月二十三日（1898年6月11日）下诏"明定国是"，决定变法。光绪帝连发近二百道谕旨除旧布新，有改革学校、科举，裁冗官，设银行、路局，设工商总局，开放言论，公开预算，设报馆，办农会商会，奖励新发明，练新兵等。新政的内容仅为革新行政，最多也只是对清廷机构作些改革，并未涉及改变君主专制为君主立宪体制。但因中国漫长的封建专制影响，守旧意识广泛存在以及被触及利益的顽固势力过强，加之维新派自身之局限，变法很难行通。以慈禧太后为首的顽固守旧势力蓄谋通过政变扼杀变法，遂以变法维新力量企图谋害帝后"大逆不道"为名，于同年八月（1898年9月28日）在菜市口杀害了维新志士谭嗣同、林旭、刘光第、杨深秀、杨锐、康广仁等六人。戊戌变法经103天失败，故而又称"百日维新"。

清政府在光绪二十六年（1900）八国联军之役受到沉重打击，当权的慈禧太后意识到危机严重。为保持统治，也转向谋求变法改良。从光绪二十七年（1901、辛丑）起的5年左右期间，推行新政，裁汰各衙门吏员差役，停止捐官，精简机构，设立督办政务处，改总理衙门为外务部，设立商部、学部，裁减绿营防勇，各省设武备学堂，由铁良、袁世凯办理练兵，设立练兵处，在河南举行秋操并任袁世凯为阅兵大臣，整顿翰林院，令编检以上官员学政治学，命出使大臣访察留学生并送回国内听候任用，命将各省书院在省城者改为大学堂，府及直隶州设中学堂，各县设小学堂，选派学生出国学习，颁发学堂章程，停止乡、会试，许可旗、民通婚。其中以废科举、兴办学校为革新重要举措。

辛丑改制实效甚微，盖因大力兴学及留学生日众，民智顿开，人民觉醒，意识到使国家转弱为强必须改变君主专制政体。1904年到1908年日俄战争结局为立宪小国日本竟战胜君主专制的大国俄国，也使清朝野均认识到以改变专制实行立宪为要务。清廷迫于形势，指派载泽等5大臣去外国考察政治。光绪三十二年（1906），历时一年考察后回国，均主张立宪，并且建议仿效日本的君主立宪制度。当年七月十三日决定预备行宪，先进行官制改革。九月二十日定出新的政府机构。三十三年（1907）改革地方官制，决定行宪。袁世凯提出奏章，请求"赶紧实行预备立宪"10项建议：昭大信、举人才、振国势、融满汉、行赏罚、明党派、建政府、设资政院、办地方自治、行普及教育。决定设立资政院，作为议会基础。次年公布资政院章程和省咨议局章程，准备行议院制。拟定《宪法大纲》。

以慈禧太后为首的清政府并不愿意向人民让出权力，采用拖延的手法。光绪三十四年（1908）慈禧太后和光绪帝死去，载沣摄政。在朝野人士的要求下把预备立宪缩短为5年，他为了集中权力，未设议会、未经选举就"钦定"一个以庆亲王奕劻为总理大臣的"皇族内阁"，但不久即被袁世凯取代，载沣本人也被迫退出政治舞台，五年的预备立宪期仅过3年，清朝宣告灭亡。

缓变中的京师经济

工业 清代后期北京工业的特点是，宫廷手工业生产走向衰退，进口商品进入京城市场，手工业产品的销售受到影响，近代工业开始兴起。在清代前期，北京城内皇室、贵族消费品多由宫廷手工业生产，因它们拥有充足的原料及精湛的技术，产品质地优良。到后期时，这些官办手工业的技术力量多流入民间，使民营手工业得到发展，贵族们的消费转向进口商品。鸦片战争后开放五口通商，其后随列强侵入加深，开放口岸增多。先是输入西洋日用品，进而各类奢侈品类如西洋钟表、织金毯、洋画、洋烟酒，日用品如服饰材料、食品、杂货等。但进口货物只是供给上层贵族、官僚、富商等，一般人民的消费仍依靠地方民间手工业产品，民间手工业并未衰退。具有悠久历史的日用商品如金属用具、木器、服装鞋帽、杂品百货在市场上仍占主导地位，尤其是传统的特种工艺手工业如玉器、景泰蓝、饰品业及清后期兴起的地毯业都在继续发展而且经久不衰。

在外国进步技术的影响下，京城有人试办利用机器生产。光绪二十年（1894），"东便门外全家村地面，八月间商人开设机器磨房，于磨面之外兼能制造枪炮"，后虽被迫停止，亦说明民间已有利用新技术的开端。其后为配合铁路的修建，在南口、长辛店设立两个铁路工厂，均使用近代设备。光绪三十四年（1908），"筹办京师自来水暨纺纱厂。宣统二年（1910），创办度量权衡用器制造厂并在北京开工生产，由农工商部选派实业学堂、工业学堂毕业生到厂学习，学成后到各处分厂任艺师（工程师）。民间创办近代企业在清末北京也发展迅速，计有火柴厂、玻璃厂、面粉厂、纸烟厂、呢革厂、自来水厂、印刷厂等。为解决京城燃料供应，京师煤矿业亦有发展。到清光绪初期，宛平县有煤窑99处，房山县有16处（《光绪顺天府志·卷五七》）。光绪二十四年（1898），清政府议修建京西运煤铁路，计划将卢沟桥铁路展建到门头沟解决运煤交通，聘洋工程师设计兴办。三十二年（1906），清廷又决定修京张铁路支线通京西运煤。

商业 清代后期的北京较前期人口增多，又加上外来经商、求学、考试及各驻京使节等，人口更趋兴盛，消费需要急剧增长，促进京师商业更加繁荣，京城的商业区及商业街遍布内外城。在内城，地安门外鼓楼前、东单牌楼、西单牌楼、东四牌楼、西四牌楼等处均成为商业活动集中地。外城仍以前门大街为商贸中心，范围最大，百货俱全。向东、西、南方向辐射发展，西及宣武门、菜市口、骡马市等处，东及崇文门、花市、磁器口等处，南及天桥等处，形成多个小商业中心。前门外大街及其东西里街，集中着从明代即留下来的许多"老字号"名店以及清代开设的著名店铺，经营着日用品及食品。内城的王府井大街到清末期开始兴旺，商贸活动发达，光绪后期建立起大型商场，称为东安市场，集中了各种商品。有些商业集中点还设立茶座、饭铺、演出场所等以吸引顾客，如天桥及东安市场。京城市场所售商品，粮食、果品、蔬菜等来自京畿郊区，手工艺品来自城郊作坊，丝绸、稻米、瓷器、木器、药材等大多由外地商人贩入，部分"洋货"则来自进口。

清末尤其是八国联军之役后，外国商业入侵愈益深入，外国商人相继在北京设立店铺，称为"洋行"。主要有英国的恰和、安利，美国的慎昌，德国的禅臣，日本的三井、三菱等分行。其中以日商的经营范围最大，除出售百货的洋行外还开设旅店、餐馆、药店等。

清代后期，北京市场上最为清廷关注的商品是粮食。京城人口增长迅速，食粮在民生中占重要地位，商人也把经营粮食尤其是来源不易的大米作为牟利手段。采取运米出城转售、囤积居奇、抬高价格等行为去获取暴利，影响到京城人民的生活，清政府对此一直采取抑制措施。光绪三十二年（1906），成立京师商务会，并陆续设立各行业的公会、公所、会馆。宣统三年（1911）九月，清廷令民政部核办京师"商团"，保卫地方，是为商界组织的武装团体。

币制 清北京市场交易原以银、铜钱为货币，咸丰初年因太平天国起事，军费开支增大以及铜源断绝，开始铸造大钱。咸丰三年（1853）铸造当十大钱，即每枚当作 10 枚铜钱之值。其后又铸当五十、当百、当五百、当千大钱，甚至因铜不足改铸铁钱。这些大钱投放市场，因使用不便，发生"壅滞"，且民间纷纷私铸，有奸商任意阻挠，抗不行使，困难重重。清廷决定用重刑惩治，凡私铸者处死刑，对阻挠行使大钱者分别治罪。最后终因大钱不能推行且引起紊乱，于咸丰末年停铸大钱，仅保留当十的一种，但其后当十铜钱只抵二文铜钱。

光绪末年，仿造流入外币制造银圆、铜圆。二十九年（1903）北京设立铸造银币总厂，三十一年（1905）试铸银币，重为一两。又铸当五钱、当二钱、当一钱银币，定为本位国币。同时开始铸造铜圆，作为辅币。三十三年（1907）试铸通用银币，每枚重七钱二分，令将所铸一两、五钱、二钱、一钱银币收回熔毁，并规定各省所用银币都由造币总厂铸造。宣统二年（1910），度支部奏请厘定币制，经清廷核准公布，内称："中国币单位着即定名曰'圆'，暂就银为本位。以一圆为主币，重库平七钱二分。另以五角、二角五分、一角三种银币及五分镍币，二分、一分、五厘、一厘四种铜币为辅币。圆、角、分、厘各以十进，永为定价，不得任意低昂。"(《清实录》，第60册)这种新币制与东、西方各国币制已取一致，但以前的制钱仍可在市上使用。

光绪三十一年（1905），清廷还议推行钞票（纸币）的办法。因当时已议开设银行，银行则以纸币为流通手段。次年由财政处、户部上奏设立造纸印刷局、厂，承担制造币纸及印刷。

宣统元年（1909），度支部制定《通用纸币暂行章程》，次年又奏准《厘定兑换纸币则例》，纸币与金属硬币同步流通，中外币制完全一致，有利于国际上的经济往来。

金融 清道光、咸丰年间，北京的金融机构为官号，道光二十五年（1845）内务府设立天元、天亨、天利、天贞、西天元等5家官号。咸丰三年（1853）春，户部设立官票所，又设立乾豫、乾恒、乾丰、乾益等4家官号。还有私人设立的银号、钱庄办理存款、借款、兑换银钱业务。其后又有私人开设的票号，办理汇兑业务。民间开设的当铺办理贷款业务，但以实物作抵押。公办官号具有发行钞票、收存公款的职能，起着银行的作用。

八国联军入侵北京前后，由于西方列强已推行资本输出的侵略方式，在北京相继开办近代银行。如英国的汇丰银行、法国的东方汇理银行、俄国的华俄道胜银行、日本的正金银行等。随后不久，清政府也筹议开设近代银行。光绪三十年（1904）三月，户部奏请试办银行，本银400万两，分为4万股，由户部认购二万股，余二万股由官民个人购买。户部银行本部设在北京，在天津、上海、汉口、广东、四川等处设立分行。银行设总办、副总办,由户部选派,理事由股东公举。银行有权印制纸币,面值为银 100 两、50 两、10 两、5 两、1 两 5 种。

光绪三十三年(1907),邮传部请设交通银行,办理轮船、铁路、电信、邮政各局的存款,参照世界各国普通商业银行的办法进行。交通银行为官商合办性质,所筹官商股本,定为常年官息六厘。交通银行有印钞权,票面分为 100 元、50 元、10 元、5 元、1 元 5 种。在北京设立总行,行内管理机构为总管理处,设总理、协理、帮理;分行设总办、副办。管理人员必须通晓财政学,并具有出国考察财政或曾在银行任职成效显著的资历,方可任用。

光绪三十四年(1908),户部改为度支部,户部银行亦改为大清银行,是为清朝的国家银行。大清银行资本增至 1000 万两,分为 10 万股,由国家认购 5 万股,其余部分由本国人承买。大清银行总行设在京师,在沿海沿江贸易繁盛的地方及各省、府、厅、县设立分行或分号。其营业项目有短期拆息、买卖生金生银、汇兑、收存款项及保管贵重物品、放款、发行各种票据等。大清银行管理机构由正监督、副监督、理事组成,正副监督由度支部提请清廷任命,理事由股东总会投票公举后由度支部委任。

京师的城市建设

城市风貌变化 北京城的规划设计始于元代，当时大都城的街巷胡同规格如棋盘式的格局。明代沿用了大都城的格局建立内城，街道格局仍旧。直到清代前期，全城建筑仍由四合院平房民居、衙署、寺庙组成。清代后期，外国使节可以进驻北京并建使馆，兴起了西方式楼房建筑，打破了北京清一色中式平房建筑的传统。各国还在东交民巷一带建造了商业建筑物，如银行、洋行（百货公司）、饭店、邮局、医院等，到清末已达近百处。

由于历次不平等条约规定外国人有权在中国传教，北京城内外国宗教建筑也普遍开建。咸丰十年（1860）先重建北堂，后又改建于西什库。它包括教堂及祭台、唱经楼等，还有主教府、修道院、印刷厂、图书馆、医院、孤儿院、学校等，均为西式建筑。另外还在宣武门内重建南堂，在王府井大街北重建东堂，在西直门内重建西堂。全城还建有许多小型教堂。

清廷也开始仿外国建起西式建筑，如中海的海晏楼、大理寺楼、参谋本部大楼、度支部大楼以及一些商业楼等。这些西式建筑物相继出现，打开了城市风貌变化的局面，是西方文化传入中国的结果，给城市建设注入了新的内容，丰富了中国的城建艺术，也反映京城这座封建堡垒在西方文化的冲击下，不能再保持原有的面目，不能不顺应历史发展而变化。

交通的演进 清代交通工具仍停留在使用畜力车、人力车及坐轿上，清末同西方交往中，铁路交通为有识人士所注意。光绪六年（1880），刘铭传到北京入觐，上奏建议筹借洋债兴修铁路，得到李鸿章支持，但朝中持保守观念的人多加反对。直到光绪十五年（1889），清廷正式允许修建铁路。

光绪十六年（1890），决定修建北京到沈阳的京奉铁路，采用向外国借款筹资的方式，先分段兴修，多经曲折，到光绪三十一年（1905）基本告竣；1912年，京奉铁路自北京正阳门站至奉天新站全线通车时，清廷已经灭亡了。京奉铁路全长840公里，用资50 884 000余元。

光绪十五年（1889）议建修筑北京至汉口的京汉铁路，到二十二年（1896）开始运作，设立铁路公司，筹款兴工，分段筑路。光绪三十二年（1906）全线正式通车，由北京至汉口全长1214公里，用资105 620 000余元。

光绪三十一年（1905）开工兴建北京至张家口的京张铁路，是京城通往西北方的干线。京城西北多山地，地势险要，筑路工程艰难，外人修筑代价高昂。中国留学美国学成回国的工程师詹天佑承担了这一艰巨工程，用4年时间，宣统元年（1909）完工。全长201公里，投资10 320 000余元。节约时间、经费，深为外国工程技术人员所信服。

光绪三十四年（1908）开始施工北京经天津南下的津浦铁路与沿海诸埠相接，南北两段同时进行，3年后全线筑成，北从天津，

京张铁路庆典

南达长江北岸的浦口,全长1009公里,投资80 490 000余元。

此4条大干线完成,使北京的交通大为改观。到清末为止,北京的传统交通终于开始走上近代化而四通八达。

邮政电信及水电 鸦片战争后,中国开商埠,外国人即设邮局,各国相继设立。同治年间,总税务司代办邮政。光绪四年(1878),在北京、天津等处设送信官局并发行邮票,仍由英人赫德主持。其后清官吏中有识之士为摆脱外国人控制,奏请清廷自办邮政。光绪二十三年(1897)正式设立大清邮政局,办理信件、明信片、贸易契、印刷品的邮寄,次年又增加汇兑业务及办理包裹邮寄。清末北京成为邮政中心,在全国分设邮政机构6000多处。

光绪五年(1879),李鸿章在天津及北塘间设电报电线。八年(1882),天津电报线经通州延至北京,从此各地相继创设。到清末,北京与各省各城市间以及外国都开通了电报业务。为培养电报人才，六年（1880），在北京创办电报学堂。

光绪七年（1881），英人在上海首装电话，在北京天津也创设电话，清廷在天津设立官电局，八国联军入侵时被毁。二十九年（1903），日人吉田正秀在北京筹设电话局，清廷于3年后收回官办。次年，北京与天津、塘沽、通县等地通长途电话，并开展市话业务，在厂甸和米市大街设电话分局，安装人工交换机。

清代，北京城居民用水以井水为主，河泉水为辅。光绪三十四年（1908），清廷根据农工商部的奏请，筹办自来水公司，办法是官督商办，采用招商集股方式筹集资金，总额300万元，分30万股，每股10元。确定孙河为水源，建立孙河水厂和东直门水厂。设立总公司，下设10个分局。宣统二年（1910）全部建成并向京城供水。供水所铺设的干管线、小干管线、交管线、小管线等分别通往各大街、小街、胡同、小巷供给用户。

北京的照明供电是从宫廷开始的，最早的发电设备安装在三海所在的西苑，机构称为西苑电灯公所，光绪十六年（1890）开始发电。另在颐和园也设立电灯公所，同时发电供给该园。三十年（1904），农工商部奏准清廷，设立京师华商电灯有限公司，资金总额20万两白银，集股筹措，分2000股，每股100两，装机容量300千瓦。北京城传统的油灯、蜡烛照明开始被电灯所取代。

园林建设 清前期，京郊御苑中的名苑圆明园在英法联军侵占北京时被焚毁，同治时屡谋重建，终因工程浩大国力衰微而作罢。光绪年间，慈禧太后恣意享乐，却对另一所名苑清漪园施工

恭王府花园一角

改建。光绪十二年（1886），以操练海军名义筹划重修，又过两年公开修建。园内主要建筑有东门内的仁寿殿建筑群，玉澜堂、乐寿堂、德和园等建筑群，排云殿、佛香阁、长廊、谐趣园、苏州街、西堤六桥、清晏舫等景点、景物。重建后改称颐和园，基本上仍是原清漪园的原貌，作为慈禧的行宫。

清代的王公贵族及官吏府邸修建园林也极盛行，大多造型别致、风景优美、建筑精巧。主要的有萃锦园，为咸丰帝之弟恭亲王奕䜣王府园林。此园占有恭王府北半部，内有垂青樾、翠云岭、曲径通幽、飞来石、安乐堂、榆关、蝠河、沁秋亭、滴翠岩、绿天小隐、邀月台、吟香醉月、观鱼台、独秀峰、水座等31个景点、建筑物，现园尚存，在什刹海之西北。清末大学士那桐的那家花园，占有其府邸东半部，园东、南、北三面绕以回廊，中部有池、有山。池称金鱼池，故所在地称金鱼胡同。园西北有高台，由太湖石环绕，上有建筑，可俯瞰全园。水池之南建有曲廊方亭，花园内植有名木、名花，四季可赏。1912年孙中山先生访问北京，曾3次到此园观赏。其遗址在今东安市场之北。清咸丰时大学士、两广总督瑞麟的余园，在其宅东部，园中有溪、池、假山、台榭等，风景优雅，又称漪园。八国联军入侵北京时被毁，但景色犹存，并于1904年开放游览。此园位于今王府井大街北口路西（今中国社会科学院考古所驻地，现院内仍有假山遗迹）。咸丰时大学士文煜的可园，布局有山水、建筑，各种古树，其假山尤有特色，是较典型的北方园林，遗址在地安门外帽儿胡同。清后期，私宅园林在京城分布甚广。

城市治安、卫生管理　清前期，北京的城市管理由步军统领衙门、顺天府尹、五城御史承担。到光绪二十六年（1900）八国联军侵占京城后，各国分片管理，设立军事警察机构，并由地方人士筹设"安民公所"，联合维持治安。次年，《辛丑条约》签订，清廷在北京设立善后协巡总局，下设10个分局；又次年，改为工巡总局；三十一年（1905）又改设内、外城两个巡警总厅。次年，巡警总厅归民政部管辖，实际进行民政管理，两总厅各设4个分厅，分管内外城民政，实行城市管理。两总厅设总务、警务、卫生3处及路工局、消防队，各处下又分设警事、机要、文牍、支应、统计、护卫、治安、交涉、刑事、户籍、营业、正俗、交通、建筑、清道、防疫、医学、医务等股（单位）。从这些机构的设置可知，巡警总厅不是单一的治安机关，它负责城市的道路工程、建筑工程、户口管理、工商营业、医药卫生、道路清洁、警务治安、城市交通、居民风俗等，具有对城市管理的综合职能。其后，内外城两个巡警总厅又各按内、外5城分设5个分厅，称内、外城东、西、南、北、中分厅，分厅下设各课，与总厅的处对应。分厅之下又分设各区，为分厅派出机构。

宣统年间，内外城两个巡警总厅机构有所调整，各改设4处，处下设科。内城巡警总厅还设有官医院、戒烟局、警备队、侦缉队，后又设立稽查缉捕局等。外城巡警总厅的机构设置与内城总厅相同。

宣统二年（1910），京师各机构联合成立卫生会。当年冬鼠疫蔓延京城，民政部令内外城巡警总厅下令捕鼠，加雇清道人员扫除，由内外城官医院置防疫药品等，还在内外城设立临时防疫事务总、分局组织防疫。在永定门外设防疫病室、隔离室、防疫出诊所，对患者及时诊治及隔离，对死于疫者火葬，按日检查旅馆、饭店、茶楼、市场卫生，加强入城防疫检查。次年，疫情减轻。同时又设立万国防疫会，请外国医生精研治法，并将外国所设医院多改为时疫医院，加强防治。

京师文化事业及革新

科举的废止　中国科举制度始于隋唐，甲午战争后国难日深，朝野有识人士多主张改变科举。都认为八股与中国是势不两立的，科学不兴、民贫国弱皆由八股所致。但因骤然废除科举阻力巨大，采取了渐废办法。光绪二十四年（1898）诏将试八股文改为试策论（解决实际问题的对策），走向切实。二十七年（1901）又开设经济（治国实务）特科。次年，京城对各省保送的122人举行会试后分试策论，共录取24名。三十一年（1905），清廷下谕，自丙午（光绪三十二年，1906）科为始，所有乡会试一律停止；各省岁科考试亦即停止。至此，清廷终于否定了局部改良的做法，决定废止科举，适应世界大势及历史潮流，走向开办学校，造就近代型人才之路。

近代教育的兴办 光绪二十九年（1903）清廷谕令商定办大学堂章程及各省学堂章程，旋即公布被称为"癸卯学制"的新学制，对大、中、小学的创办作出规定。这是中国第一个近代学制。同治元年（1862）设立同文馆，是北京设新学堂之始。当年又开办育英学校，亦为近代学校。光绪二十四年（1898）决定开办京师大学堂，二十八年（1902）正式开办，作为高等学堂，分政、艺二科及速成科师范、仕学二馆，并制定学堂章程，当年招生开学。次年又增设译学馆（培养外文人才）、医学实业馆（培养医生），三十二年（1906）设立法政学堂（培养法律人才）。三十年（1904）农工商部创办京师高等实业学堂，为工科大学，设机、电、化、冶4科。三十一年（1905），京师大学堂根据章程分科，创办农科学堂，为农科大学。宣统元年（1909），学部上奏大学分科设置情形，共办有经科、法政科、文科、格致科、农科、工科、商科以及医科，并请允许外国人入学留学，得到清廷准许。

光绪末年及宣统年间，中、初等教育也在京城创办。为培养小学师资，注重创办中等师范学校，在国子监故址设立京师第一师范学堂，开办简易、优级师范科，以及大兴初级师范学堂、宛平初级师范学堂等。在顺天府设立京师督学局，为行政管理机构。中等学堂多为皇族子弟而设，如八旗中学堂等。顺天府设的有五城中学堂（今和平门外师大附中）、顺天中学堂（今北京四中）等。还有京外各省旅京人士创办的中等学校如顺直学堂、畿辅学堂、东三省公立中学堂、江苏学堂、浙江学堂、安徽学堂、山东学堂、广西学堂、广东学堂、求知中学堂等。京师督学局还为造就技术人才，创办京师初等工业学堂，4年毕业。此外，允许私人开办中等学校，如豫章学堂、求实学堂等，私立学校必须在京师督学局立案。光绪末年，将京师各官学、义学一律改设为高、初两级小学堂，归京师督学局管理。初等小学堂开设修身、国文、算术、体操、历史、地理、图画、唱歌、读经等课程；高等小学堂开设修身、读经、国文、算术、国史、地理、格致、图画、手工、乐歌、体操等课程（参见《北京市志稿》，第5册）。清末还将京城义塾改为小学堂，并允许私人开办小学堂。

报刊的兴起 清代，朝廷发布政务的简报，称为邸报，又称官报或京报，内容是刊载施政状况和上谕、奏章及人事任免等，公开发布，使朝野咸知。新闻性报刊的出现，是在西方势力入侵之后逐渐兴起。中国人自己创办新闻报刊始于光绪二十一年（1895）。当时康有为、梁启超为提倡新学、为变法做舆论工作，改变闭塞风气，在北京创办《万国公报》（也称《中外公报》《时事汇编》），发行后又改称《中外纪闻》，由送报人按月向朝内外人士送出。自己撰写文章，按军、政、教分类刊登，免费供阅。所刊各国信息使朝中人士大开眼界。这一时期，主张变法的志士在外省相继创办报刊多种，引入西方观点，开通民智，对北京的影响巨大。

光绪二十二年（1896），清廷办官书局，发行《官书局报》，内容近似于邸报，但增辟内容，不刊登涉及时政的信息及议论，此报仅办两年即停刊。北京报刊创办的兴起高潮是在八国联军入侵之役之后。有政治考察馆主办的《政治官报》，开始时起着向人民宣传政治知识，启发新的政治思想的作用。后改为《内阁官报》则纯属政府公报。又如《商务官报》是商部的公报，《学部官报》则为学部的公报。

清末，北京民间报刊也兴盛起来，有《京话日报》《公益报》《星期女报》《女学报》《正宗爱国报》《北京新闻》等。其中，《京话日报》内容广泛，涉及政治、社会、民生等，发行量很大。还有主张政治开放的《中外大事报》《警世钟》《醒报》《政治报》《直报》《公理报》等，及宣传革命的《国风日报》《帝国日报》。清廷据《大清报律》对办报进行控制，但报刊的兴盛唤起人民的政治觉醒，社会效果是巨大的。

小说与戏曲 晚清，文学诗词不占主要地位，而章回小说特别繁荣。文士所写小说多在《绣像小说》《新新小说》《月月小说》《小说林》等期刊上发表。如曾朴的《孽海花》，全面描写了甲午战争前的社会。李伯元的《官场现形记》和吴趼人的《二十年目睹之怪现状》，反映晚清官场黑暗和丑恶腐朽。满族人文康的《儿女英雄传》，虽内容平庸，但所用京味语言及描写细腻和反映社会真实，均为其优点。清后期陆续有《红楼梦》续书多种，反映出该书社会影响之大及读者的倾向。除去文人作品之外，为适应清后期北京城市经济繁荣、市民阶层日益壮大的需要，平话小说（俗文学）大量涌现。北京继承明代清官公案小说和《包公案》的传统，民众创作许多侠义加清官的平话小说，如石玉昆讲述的《三侠五义》，描述北宋包拯的故事，后又扩为《七侠五义》，是进一步的创作。后又有仿此作品的《小八义》等多种。民间还把清高级官吏施世纶、彭鹏、刘墉、于成龙等的活动演绎成《施公案》《彭公案》《刘公案》《于公案》等通俗作品，附会为侠义佐清官的长篇故事。这些作品因其语言大众化，内容实际，流传较广，为市民所欢迎。

清乾隆后期"花部"四大徽班三庆、四喜、春台、和春班相继进入北京后，经过20多年的发展，形成皮黄剧（京剧），并迅速占有北京舞台主导地位。在京剧初期著名演员余三胜、张二奎、程长庚的努力下，道光年间有了长足的进步。同治、光绪时期，京剧艺术人才辈出，走上繁荣。加之清代帝后皆对京剧有兴趣和大力提倡，促进其在北京的发展。京剧剧目多取材于古典小说，尤以《三国演义》为多。除在外城设有多处剧场外，内城隆福寺等处也有剧场，宫廷、御苑、王公府邸也都建有戏楼。光绪三十年（1904）培养京剧人才的富连成班成立，其后的著名演员多在此受教。除京剧外，各省的地方戏如秦腔、梆子等也在北京演出。

北京在晚清时期曲艺演出也很兴盛，主要有各种大鼓（京韵大鼓、西河大鼓、奉调大鼓、梅花大鼓等）及单弦，还有清初流行的曲艺八角鼓、什不闲等。

东西方文化的传入　晚清，外国文化传入的特点是清代主动向西方寻求知识以改变本身之弱势，这种动机自译书开始。同治初设立同文馆造就翻译人才，开始译西方诸书。首先由英国人丁韪良译《万国律例》，传入西方法律学；后又译出《格致入门》《公法便览》《富国策》等10余种；法国教习也自编《化学指南》等科学著作20多种讲授。外省如江南制造局也翻译新书，总数约200种，包括自然科学、应用技术、行政管理等门类，流传全国。光绪后期维新派人士倡导变法仿效日本，康有为等认为首策为译书，他译出《日本明治变法考》等书呈送光绪帝。在翻译外国著作的潮流中，译书家林纾最为著称，所译书籍以文学为主，包括伦理、社会、传记、侠义、政治、实业、军事、戏剧、寓言、侦探、言情、滑稽等类159种，分别译自英、法、美、俄、瑞士、德、比、西、日等国，使东西方文化广泛地传入中国，贡献很大。

东西方文化传入的另一途径为外国人开办学校，咸丰末年，基督教会开办萃文学校（男校）、萃贞学校（女校）。同治元年（1862），美国教会开办育英学校；十年（1871），开办蒙学馆，后改汇文书院，光绪末改为北京汇文大学。光绪三十二年（1906），美国公理会等团体开办协和医学院。

清末出国留学之风兴起，光绪二十九年（1903），清廷决定派学生到东西方各国留学，三十年（1904）设立留美学务处招考学生赴美，前后两批共117人。三十二年（1906），根据袁世凯奏请，选派翰林院官员有志出洋者四五十人出国游学。宣统三年（1911），根据学部奏请，设立游学日本高等五校预科，招生入学以备留学。另在光绪初年，清廷曾派遣7批共200多名学生出国留学。

晚清京师的社会阶层

晚清，京师随着新式工业、电信、邮政、报馆、学校的兴办，社会结构变化，涌现了新的社会阶层，标志社会的进化。

资本家由官吏和大地主转化而来，官吏们以其贪黩的资财、大地主以其资金投资于新式工业生产牟利，其中一部分人兼有资本家身份或变成了资本家。

外国资本家在北京开办工商、金融或其他事业，需要吸收中国人工作或服务，从事中间工作的人被称为买办。其为外国效劳，受雇于外国人并取得报酬，在外国势力和中国人之间起到媒介作用。买办的收入均非常丰裕，与中国官吏相似。

西方各国侵入中国，外货充斥市场，造成中国手工业工人、小商人、农民失业，城市贫民生计困难，往往转向新式工业、新事业去工作，形成产业工人阶层，处于被中外资本家剥削的地位。

在新式工业、技术性事业如电话、电报、电业、自来水等部门以技能工作的人，多为士人中通晓新科学知识者，是由士人转变而来。

新闻记者、编辑人员：因晚清北京报刊事业的兴起而出现，队伍逐渐扩大，多由未中科举或废除科举后的士人供职，是新知识观念的宣传者。

教师：指在新式学校任教的人。晚清北京大中小学和其他技艺学校都开始举办，所需教师人数众多，他们均由士人转化而来。教师群体尤其是高级学校的教师，大多通晓近代科学文化知识，以薪资为生，是新知识的传播者。

学生：指新型学校的学生，在北京城各级各类学生众多，不同于旧士人，对新知识易于接受且政治敏锐，勇于参加社会活动。

律师：是新法律制定后出现的法律工作者，由士人转化而来。

民国时期的京都和北平

民国时期的京都

1912年1月1日，中华民国定都南京，孙中山在南京就任中华民国临时大总统，民国宣告成立。2月12日清帝宣告退位，2月15日南京参议院选袁世凯为临时大总统，孙中山辞职。参议院决定袁世凯到首都南京就职，袁世凯不肯远离其军事实力所在的北方，授意各省亲信主张建都北京，又暗使曹锟于29日晚发动兵变，借口必须坐镇北京而拒绝南下。孙中山为防袁世凯实行专制，成立国民党，由同盟会等5个党派组成，宋教仁为领袖。3月10日袁世凯宣布就职，逼迫孙中山原任命的内阁辞职，由他组阁，宋教仁以国民党领袖的资格坚持议会制约作用，为袁世凯所不容。袁世凯指使刺客于1913年3月20日在上海将宋教仁刺杀，此举使孙中山对袁世凯绝望，决定讨袁，终因双方实力悬殊而很快失败，袁世凯的集权专制相对稳定。9月18日，袁世凯自立"公民党"，强制国会选自己为正式大总统，10月10日就职。11月4日袁世凯又下令解散国民党，追缴其议员438人的证书，使国会不足法定人数无法开会，陷于瘫痪，从而建立起个人的独裁统治。

袁世凯利用清帝退位诏书中的"即由袁世凯以全权组织共和政府"一句话，声称政权是清朝的"禅让"而非革命成果，否定辛亥革命。因此上台后即谋专制称帝，1912年始两次发布祀孔令和祭天，摆出称帝规格。大权在握后，先从法制上否定共和。1914年1月10日下令停止两院议员职务，解散国会。后又否定《临时约法》，5月1日公布自定的《中华民国约法》（简称新《约法》），无限提高总统权力。取消内阁，由总统兼理行政，另设国务卿辅助。定于1916年元旦"登极"，年号为"洪宪"。

袁世凯的倒行逆施，受到全国军民的反对。云南都督蔡锷返回省内，1915年12月23日致电袁世凯要求取消帝制，并组织武装讨袁，其后各省响应，通电声讨和宣告独立。袁世凯被迫在1916年3月撤销大典筹备处，随后取消帝制和洪宪年号。从宣布接受帝位到取消帝位，为时仅83天。袁世凯仍想继续任总统，但在全国的愤怒声讨下，6月6日在北京死去。

袁世凯死后，由副总统黎元洪继任总统，决定恢复《临时约法》，召开国会，选冯国璋为副总统，任段祺瑞为国务总理。段为袁世凯亲信，手握北洋实力，黎无实权，段图专制政局，与黎矛盾，时称府（总统府）院（国务院）之争。黎元洪为先发制人，于1917年5月23日命令免去段的国务总理职务，段遂教唆各省督军叛变，脱离中央宣告独立，黎元洪遂请安徽督军张勋入京调停。张勋入京则另有其个人政治目的，即通过拥清废帝溥仪复辟，由其控制而夺取政权。7月1日，张勋等数十人联合进宫上奏溥仪"吁请复辟"，改1917年（民国六年）7月1日为宣统九年五月十三日，封黎元洪为一等公爵，张勋自封忠勇亲王、议政大臣、直隶总督兼北洋大臣，总揽大权。黎元洪尚未失去自由，7月2

日任副总统冯国璋为代总统、段祺瑞仍任总理并任讨逆军总司令,讨伐张勋。12日战斗结束,张军失败。张勋逃入荷兰公使馆,复辟事件告终。

张勋复辟失败,黎元洪不再参政,冯国璋任总统,段祺瑞为总理,但冯为直系首领,段为皖系首领,政见不同。段氏解散国会,国民党人反对,8月下旬孙中山在广州召开非常会议并被选为大元帅,成立护法军政府,形成南北政权对立。在北方,段祺瑞为驱逐冯国璋并武力统一,向日本借款,利用亲信拼凑新国会,9月选出徐世昌为大总统,冯国璋去职,段祺瑞执政。

第一次世界大战结束后,战胜国于1919年1月18日在法国巴黎召开"和平会议"。中国代表团以战胜国的身份参加,提出废除不平等条约及收回山东主权的提案被列强否定,外交上的失败激起北京人民强烈反对。5月4日,北京学生3000多人在天安门前集会讲演,高呼"还我青岛""取消二十一条""外争国权、内惩国贼""拒绝在和约上签字"等口号,要求惩办亲日派官僚,会后示威游行,北京政府派军警镇压,学生31人被捕。学生爱国运动的影响迅速扩大到全国各界。6月3日,北京学生分组到街头讲演,反对政府媚日卖国,4日又有更多学生外出进行宣传活动,两天内有近千名学生被当局逮捕,激起全国人民更广泛的愤慨和抗议。6月28日,中国代表拒绝在"巴黎和约"上签字。五四运动取得胜利,以段祺瑞为首的皖系军阀名声扫地。

直系军阀曹锟、吴佩孚乘机联合奉系军阀张作霖于1920年7月发动直皖战争,打败皖系执政。奉系也图占有政权,1922年发生第一次直奉战争，奉系退走，直系政权相对稳定。直系军阀迫大总统徐世昌下台，迎黎元洪再次出任大总统。1923年，直系新首领曹锟先逼黎元洪退位，后通过向国会议长、议员行贿购买选票"当选"大总统。

1924年9月中旬，奉系张作霖趁南方浙江反直，出兵向关内进攻，曹锟派吴佩孚统兵去山海关抵抗，爆发二次直奉战争。10月下旬，直系第三路军总司令冯玉祥秘密回师北京，发动政变，迫曹锟停战、下台。冯玉祥将所部改组为国民军。事后，直系、奉系、皖系残余力量及国民军均同意由段祺瑞出来主政，因其为北洋元老，用以协调当时局面。11月，段到北京出任临时执政，并组织新政府。1926年初，奉系又与吴佩孚合力进攻国民军，日本助奉军进入天津大沽口，炮击国民军，并联合列强武力威胁北京政府。3月18日北京各界群众2000多人向执政府请愿，反对列强干涉中国内政，被镇压遭枪杀47人，重伤189人，制造了震惊中外的三一八惨案。受到全国人民反对及国民军的逼迫，段祺瑞于4月下台，执政府终结。

1920年，陈独秀、李大钊等商议建立中国共产党，经过舆论和组织准备，当年10月，中国共产党北京小组成立，后改称北京支部，李大钊任书记；同时还成立北京共产主义青年团。北京支部传播马克思主义理论，并开展工运工作。1921年7月23日中国共产党成立后，又建立中共北京区委，仍由李大钊任书记。北京区委积极开展工人运动，首先在铁路系统展开工作，在京汉铁路组织成立工人俱乐部，发展会员。8月，长辛店铁路工人罢工，向当局提出要求,取得胜利。

1923年2月1日,京汉铁路工人代表在郑州举行全路总工会成立大会,受到军警干涉阻止。4日,总工会举行全体总同盟罢工。7日,军阀吴佩孚在长辛店和江岸镇压罢工工人,52名工人被杀害,300多人受伤,是为二七惨案。9日,北京工人、学生万余人游行,抗议军阀制造二七惨案的暴行。其后,北京中共组织领导27个单位5000多人参加二七烈士追悼会。5月1日,北京各界在天安门召开劳动节纪念大会提出5项议案,要求严惩二七惨案残杀工人的凶手、维护集会结社罢工自由、恢复被封工会等。7月,直属中共中央的中共北京区执行委员会兼北京地方执行委员会成立,负责领导华北、东北及河南、陕西、甘肃部分地区的建党和开展工农兵运动。1924年9月,中共中央批准北京区执委创办党校,为最早的党校,对外称北京职业补习学校。

1926年7月,国共两党合作时期,举行国民革命军北伐。《北伐宣言》指出"中国人民一切之困苦总原因,在帝国主义者之侵略及其工具卖国军阀之暴虐",提出打倒列强、除军阀,向北进军。北方各系军阀抗拒国民革命,奉军进入京津地区。11月30日奉系军阀张作霖被推举为安国军总司令。12月1日就职,执掌政权,进驻北京。安国军政府为取得列强好感和支持,打击革命力量,宣称"反对赤化"。中共北方区委和国民党北京市党部在李大钊等主持下迁到东交民巷苏联使馆西院,1927年4月6日,京师警察厅出动300多军警强行搜查,捕去李大钊等80余人,并不顾社会反对,于28日将李大钊、范鸿劼、杨景山等20名革命志士杀害。

6月3日，山西阎锡山军加入北伐军，共同反奉。1928年4月北伐军向北进军。5月临近保定、沧州。6月2日，张作霖下令总退却，专车返奉。南京政府任阎锡山为京津卫戍总司令，接管北京，8日入城，北京政府结束。

民国中后期的北平市

1928年6月8日，北方军事政治中心国民革命军入城接管北京，设立北京警备司令部维持治安。6月28日，南京国民政府定北京为北平特别市，归行政院直辖，国民党中央也决定设立北平政治分会。北平已非国都，但仍是北方军政中心。

1929年7月，蒋介石在北平陆军大学讲演，公开鼓吹和宣传国民党一党专政和个人独裁统治。1930年，阎锡山设立国民政府于北平，自任主席。南京国民政府的蒋介石预知此事，在6月即任命东北系的于学忠为平津总指挥，武力防范。阎锡山自任国民政府主席10日后的9月18日，张学良即通电出兵华北，阎锡山的"政府"四散外走，事件结束。27日，于学忠任平津卫戍总司令；10月，张学良被国民政府任为陆海空军副总司令，驻守北平市。北平又成为北方的军事重镇。1931年4月，国民政府又设立指导整理北平市文化委员会，由蒋介石亲任会长，张学良任副会长，以求进一步加强思想文化统治。

1931年9月18日，日本军国主义者悍然发动九一八事变，进攻沈阳，蒋介石采取不抵抗政策，东北全境沦陷。东北失陷在北平引起抗日大潮，在中共北平地下组织和共产党员的秘密活动下，当月，北大、清华学生成立抗日救亡组织，东北旅平人士成立东北民众抗日救国会。10月，北京工、农群众成立抗日组织。11月，北平学生派代表去南京请愿，随后陆续又有4000多学生南下，要求政府出兵抗日。在全国舆论压力下，蒋介石被迫于12月辞职，张学良也辞去陆海空军副总司令职，但改任北平绥靖公署主任，掌握北平地方部队。1932年，日军扩大侵华，进攻上海。3月，蒋介石复任国民政府军事委员会委员长。在北平设立军事委员会分会，张学良任代委员长，取消北平绥靖公署，北平确立为军事重镇。

1933年，日军占领承德，热河省失守。3月，蒋介石决定免去张学良的职务，由何应钦以政府军政部长兼代北平军分会委员长。同月，日军进攻长城古北口，中国守军猛烈反击，日军付出重大伤亡代价后占领关口，威胁平津。北平人民积极支援抗战，捐资和抵制日货。蒋介石令何应钦采取隔离缓冲办法，即向日方让步。

1933年5月，密云失守，中国军队退至怀柔、顺义一线。何应钦向日方求和，订立《塘沽协定》，规定冀东地区为隔离区，中国撤出军队，实际上划长城为界，承认长城以北为日占区。年底，日本制定华北分离出中国政策，次年开始推行。日方谋以华北自治的形式从中国分出，脱离中央政府，并与伪满洲国通车、通邮，实际承认伪满。

1935年5月，日本在华北多方制造事端，唆使汉奸挑衅。6月9日，日方向何应钦无理要求取消河北省内一切国民党党部、中国军队撤出河北省等，何均同意，与驻华日军司令梅津美治郎签订《何梅协定》。其后日驻沈阳特务机关长土肥原贤二又向察哈尔省代主席秦德纯要求二十九军撤出察省，中方亦妥协，签订《秦土协定》。

1935年10月，日本鼓动华北自治，唆使河北省滦榆区行政督察专员殷汝耕据冀东22县脱离国民政府，成立"冀东防共自治委员会"，后改称"冀东防共自治政府"，作为傀儡政权。在日方压力下，国民政府蒋介石令何应钦准备组建冀察政务委员会，作为缓冲机构。这种妥协激怒了北平人民，在中国共产党领导下，北平学生于1935年12月9日举行声势浩大的"一二·九"爱国运动，反对华北自治，得到全国各大城市学生的声援，日本的既定目的未能达到。

1937年，日本决定武力侵占华北，7月7日，寻找借口武装进攻宛平县城，发动卢沟桥事变，中国守军奋起抵抗。8月8日日军侵入北平城区，北平沦陷。日本搜罗汉奸组织维持会，旧北洋官吏江朝宗投敌任会长，后又任伪北平市长。日军还企图在北平设立全国性伪政权，12月14日，利用汉奸王克敏等北洋旧人组成伪中华民国临时政府，设行政、议政、司法三委员会，王克敏任行政委员长，下辖各部，实际施政。日军为控制舆论及控制

七七事变后戒备森严的宛平城城门

华北人民的思想,还设立伪新民会,亦由王兼任会长。

1939年汪精卫叛国投敌,在南京设立伪国民政府,"临时政府"于1940年改为"华北政务委员会",隶属汪伪政权。伪华北政委会成立后,日方为加强控制华北,以其名义于1941年至1942年先后五次发动"强化治安运动",打击抗日力量,监控人民。最后的第四、五次"运动"还配合日本发动太平洋战争实现其"以战养战"策略,加强对华北的经济掠夺,供应军需。日本还在华北和北平(日伪政权曾改北平为"北京",但国民政府从未予承认)实行毒化,设立华北禁烟总局和地方禁烟分局,以"禁烟"为名义实行鸦片专卖,公开允许设立的烟馆遍布全市,引人吸毒,郊区设多处鸦片加工厂制毒,危害居民。

1945年8月15日,日军战败,在盟军促令下日本无条件投降，日伪政权亦告结束。

在抗日战争中，北平各阶层人士都有力地对敌伪政权予以抵制和拒绝"合作"。北平沦陷的次年，东北军军人组成杀奸团，在东城枪击大汉奸王克敏座车，王克敏被打伤，同车的日本顾问被打死。1940年，国民党地下工作人员刺死、刺伤日军官各一人。中共地下工作人员制造撞车事件，日一名少将身死。

1938年7月7日抗战一周年时，晋察冀军区第五支队夜袭南口、门头沟等地日伪军驻地，攻入石景山发电厂，炸毁锅炉及机车，使输电中断。当月，中共组织在平郊地区20多个县的20多万人发动抗日武装起义，组成7万抗日联军，先后攻占通县以东城镇多座。

1939年，八路军总部决定开辟平西抗日根据地，设立平西地委和专署，在1940年的反扫荡中歼敌800余人。同年，又开辟平北抗日根据地，组建平北工作委员会和军分区。1941年，驻密云县日军56人被八路军歼灭。1942年7月，日伪军9000人向平北抗日根据地"扫荡"，晋察军区第十二军分区部队在民兵配合下展开反"扫荡"战斗，分别在延庆、怀来、昌平等地区作战，经过一个多月，日伪军全线败退。抗日部队乘胜追击，歼灭日伪军290余人，保卫了平北抗日根据地。1943年1月，中共平西地委创办《黎明报》，宣传抗日；5月，晋察冀军区平北骑兵大队对日伪军出击，使敌人撤出4处据点，并毁其碉堡、岗楼等多个，歼敌200多名。1944年1月，平北抗日根据地八路军向延庆东北地区进击，毁日伪军据点。9月，八路军在平谷、密云地区开展反"扫荡",并攻入平谷县城,打开监狱救出难胞百多人。当年,平郊顺义县开始挖地道工事作战,焦庄户、沙岭、白塔等村地道相连达几十里,进行抗敌战斗。日本投降前夕的1945年7月,八路军七团向房山日伪军出击,连克据点并攻入房山县城,击毙日伪军官。平郊抗日斗争8年从未间断。

1945年8月15日,日本宣布无条件投降。国民政府首先令日伪军警宪人员维持北平治安,委以职务,随后派第十一战区的军队抢占北平,由美国空运到达。国民政府在北平设立军事委员会委员长北平行营(1946年改为国民政府主席北平行辕),为华北最高军政机关;恢复北平市政府的建制,为行政院直辖市。宣布废除伪币,规定伪币5元兑换法币(法定国币)1元。10月,正式受理日本驻华北侵略军的投降,举行签字仪式;北平行营命令逮捕华北的汉奸王克敏、王揖唐、王荫泰等140多人。国民政府驻北平直属机关、北平行营、北平市政府对日伪政权在平的政治、经济、文化机关及企业进行接收,其各级接收官吏乘机大肆搜刮,巧取豪夺,侵占财产,迫害人民。

1945年10月,国共两党达成的和平协议,各党派有公开活动的自由,中国共产党在北平设新华社北平分社并创办报刊,报道全国人民反对重新挑起内战的消息,深受北平人民欢迎。北平还创办起其他民主报刊,但都受到北平当局干预。在经济上,掠夺性的接收破坏社会生产,工厂停工、商店倒闭、市民失业。北平人民被迫开展求生存、争人权斗争,得到中国共产党的支持。1946年2月,中共晋察冀中央局的《对北平工作方针的意见》

指出：目前城市工作的重点放在北平，北平的重点放在学生与知识青年中，以求发动与领导学生群众的经济斗争与民主运动。同时也支持北平工人群众的经济斗争，开展罢工、怠工，要求改善待遇，反失业、反迫害。本年国共两党关系开始紧张，北平当局于 5 月查禁北平《解放》报和新华社北平分社等。

1946 年 6 月，国民政府撕毁停战协议，挑起国内战争。大批美军驻在北平等大城市，北平军政当局设立"中美警宪联络室"，规定如美军肇事只能由美方处理，中国不能过问。12 月，北平发生美军奸污女大学生暴行，引起公愤，50 多万学生参加抗暴运动，受到各界支持。因内战军费开支庞大，物价暴涨，人民生计困难。经蒋介石批准，1948 年行政院决定"币制改革"，发行金圆券代替法币，以 1 元金圆券折 300 万元法币兑换，又实行对商品的限价政策，规定物价必须保持在 8 月 19 日的水平上，不许抬高。这种掠夺和违反财经规律的倒行逆施使许多人破产，物价飞涨，经济崩溃。社会动荡，美军横行，人民失业，物价上涨和发动内战镇压人民等，使北平社会矛盾空前激化，学生的爱国民主运动不断高涨，大规模的反饥饿反内战运动在北平展开，学生罢课、教师罢教、工人罢工等多次发生。1947 年，国民政府发布"戡乱总动员令"，加紧镇压民主运动，社会动荡不定。

1948 年冬辽沈战役结束，东北人民解放军入关与华北解放军会合作战。1949 年 1 月 15 日通过激烈战斗解放天津。经多次谈判，驻守北京的国民党军队起义投向人民，接受改编。1949 年 1 月 31 日北平和平解放。

北平行政体制

行政机构 北京政府时期，北京地方行政机关有京兆尹公署、京都市政公所和京师警察厅，三者互不统属。京兆尹公署是京都地方政府，直辖于大总统，为部省级政府，设京兆尹一人，为京兆地方长官，但其权限仅管辖原顺天府郊区各县的行政事务，指导、监督所属各县知事，管辖地方警卫武装及治河工程。京兆尹由大总统任命，具体管理、监督京兆地方的民政、司法、工程、自治事务、民族事务、教育、农业、林业、工业、商业等，并设有各相关职能部门。另设京兆财政厅，管理税收、烟酒公卖、河务等有关财税的事务。

1914年，内务部奉大总统令在北京设立京都市政公所，督办统管全市市政。主管的业务有：城市预算、决算的编制；发布市政管理的通告；城市交通、劝业、卫生、救济事业的规划与监督；全市道路、桥梁、水道、沟渠及其他建筑工程计划的制定及实施、审核；城市市政工程的勘察、设计、评估、承包；市政工程的施工等。另设京都学务局，管理全市中、小学的行政事务，如审核办学等。

京师警察厅为内务部所属的治安机关，同时也具有民政管理等政府职能。其长官为总监。京师警察厅职权广泛，凡交通、保安、户籍、建筑、集会结社、著作出版、新闻、剧场各方面的稽查及市场各业的取缔、刑事预审、法医、救护、道路清洁、卫生设备管理、医疗事业的检查、公共场所卫生、饮食业卫生、防疫、消防（包括人员训练、器械使用、地利及水利的调查等）都由其负责。1925年，又在东、南、西、北四郊各设警察署，各署下又设分署3至5处。

1928年国民政府设立北平特别市，为北平地方行政机关。市政府设市长，为地方行政长官。市政府机关设一处八局，即秘书处，财政局、土地局、社会局、工务局、公安局、卫生局、教育局、公用局。

1937年北平沦陷后，日军先利用汉奸成立"北平地方维持会"作为统治北平的工具，其人选由侵华日军决定。1938年把北平市改称"北京市"，即作为伪国都，设立"北京特别市公署"（1943年又改称"北京特别市政府"），下设伪财政、社会、建设（后改工务）、卫生、教育、警察等局，后又增设伪经济局。

1945年日本投降，国民政府接管北平，恢复北平市的名称，仍为直属行政院的直辖市。新的北平市政府下设处（与局并列）、局、室及直属机构等，计有秘书、人事、会计、外事4处，民政、财政、教育、社会、卫生、地政、警察、公用、工务9局及统计室，共有公务员2750人（编制名额）。

自治与参政 1915年，北京政府列京兆地方为特别区，当年9月公布《京兆地方自治暂行章程》，设筹办处，计划北京分设若干自治区，开展郊县自治。每自治区分为若干自治村，每村又分若干甲，每甲居民10户以下，甲长由村民推举。自治区的职责是承办县级政府交办的有关事项。但当时北京政府内军阀派系分立、治权频繁更迭，并不可能认真实行地方自治。

1928年北平市政府设立筹备自治办事处，拟定《自治进行大纲》。全市划为15个自治区，城区每500户左右编为一个自治街，郊区每500户左右编为一个自治村；其后又改街、村为坊。住户每10户为邻，5邻为闾。全市共有461坊5157闾25 417邻。区、坊均设公所，经费以公益捐筹集。1933年北平市举办公民登记，选举区长、坊长及市参议员，成立市参议会，作为议政机构。1934年，北平市举办保甲制，以户为单位，户设户长，10户为甲，设甲长；10甲为保，设保长。1936年因日军进逼，实行民众整训计划，在保之上又设联保办事处，上统于各区公所。区公所及其以下均不是政府机构，但街区邻闾、保甲相连的严密体制，都是为了政体落实到基层。

1946年6月成立北平市临时参议会，1947年11月又成立北平市参议会，参议员101人，采取"区域选举"及"职业团体选举"方式产生，多为指定的富豪、士绅人员，各阶层劳动者无人加入。参议会为参政议政机构，但无权做出决定。保甲制及参议会名为地方自治，实际上却成为国民党独裁专政压制、打击革命进步力量、镇压群众反抗的工具。

北平城市规划与建设

帝都禁区开放 1914年，北京政府内务部提出应仿效西方各国将京都名胜开放，作为中外游人观览场所，并制定《京畿游览场所章程》，上报获准。当年即将社稷坛建为公园开放，定名中央公园（1928年改称中山公园）。其后又建立海王村公园，改先农坛北部为城南公园，陆续将天坛、北海、中南海、太庙、景山、颐和园、玉泉山等地开放，供市民游览。原在清代时，内城中央部位建有巨大的皇城，阻碍着东、西城的交通。民国初年为解决居民来往，陆续打通皇城阻碍。先后开辟两条通过皇城的东、西大道，一是天安门前的东西长安街，一是故宫北景山南的东西通道。在旧皇城上开辟多处便门，如南河沿、南池子、南长街等门。中华门内东西千步廊及其他一些地方的皇城城墙也都被陆续拆掉。北京内城交通开始畅通。

1914年又决定改建正阳门（前门），拆除正阳门和箭楼之间的瓮城，并在瓮城城墙与正阳门东、西两侧连楼处各开辟城门洞二个，作为交通通道，人流、车流增大5倍，使内外城于最繁华的棋盘街与前门闹市畅通，市场更加繁荣。1924年，在正阳门和宣武门之间的城墙加开一门，称兴华门（今之和平门），进一步使内外城间交通改善。此期间，城市出现大量的西式或中西结

正阳门箭楼旧貌

合式建筑物,如北平图书馆为古典建筑但内部为西式装修;建立在东长安街的北京饭店,以及许多大学校舍楼如沙滩红楼等,都是西式建筑物。还有一些军政机关、私人住宅、教会、娱乐场所也都采用西式,传统的平房格局被进一步地打破,古都的旧面貌开始发生变化。

城建规划的先声 1913年,北京政府内务部提请展修内外城马路工程,当年开始施工,由京都市政公所制定《公修马路简章》作具体规定。到1918年,该公所报告称:"全市道路已建造者,截至七年(1918)统计,已达121线。"(《北平市志稿》,第1册)其后北洋军阀各派系混战,修建工程无法进行。

1930年,北平市各区的自治区公所等团体上书南京国民政府,提出《繁荣北平计划》,该计划书将北平市划分为文化区、工业区、居住区3部分。其理由是,北平名胜古迹资源丰富,如果进行完密计划整理改良,可以成为一个大游览区域,而北平公私大学林立,可以加强建设并兴办各种文化事业,具有成为文化区的条件;北平拥有的许多传统珍贵工艺品技术驰名世界,可以进口原料加工为成品输出,去开拓世界市场;北平各国侨民众多,如改善建设、生活条件可以吸引更多国内外人士居住和游历,使市场日渐繁荣。同年,北平市政府还制定公布了《北平特别市名胜古迹古物保存规则》(参见北京档案馆存档)。

1933年,北平市政府先后提出北平市游览区建设计划、北平市沟渠建设计划、北平市河道整理计划等。此期间,北平市的建设主要是修整街道、马路,拆除宣武、崇文两门瓮城墙围,并把东城御河、西城大明濠、南城龙须沟的西段改成暗沟,在其上修成马路等。

日伪"城市规划"内容与实质 日本军国主义者发动七七事变,占领华北,对北平、天津等大城市企图永久占有,做出"长远"打算,由伪华北政务委员会建设总署制定《北京都市计划大纲》。该计划大纲在"方针"中称,"北京市"是"政治及军事中心",亦即作为日伪政权所在地及进攻中国的军堡,并由于"名胜古迹甚多",还作为特殊之观光都市。该计划提出保留北平城,另在西郊建立新市区,在东郊通县一带建立工业区。关于旧城的计划,环城四周建绿化带,内外城保留原貌,在内城的各条主干路包围的中央部位,为专用居住地域;此外还将城中故宫一带、后三海辟为风景区。关于西郊建立的新市区，以居住区为主，计划以疏散人口为理由，将旧城中的一般中国居民迁往，使之与日伪上层人群隔离开，保证他们的安全。在西郊的西北方，辟为日伪军事机关驻地，其南的永定河两岸进行修整，辟为公园。西郊新市区的东部设立日伪政权机关地区。关于东郊新市区，拟在外城以东广渠门至通县南部建立工业区，而北部为居住地区。交通运输上，在西郊新市区建立新的中央铁路车站，城内道路将旧街路重新整理，城外公路从内外城各主要城门修筑向外辐射形干线。水路交通拟在城南开凿东西向运河，东至白河，西至永定河。此计划是为日本久占北平服务的。

抗日胜利后北平都市计划的研究 1947年北平市工务局编制的《北平市都市计划之研究》，其基本方针是建北平为文化城，包括旧城区的改造、新市区的发展、游览区的建设、卫星城的建设等项。旧城区的改造包括建设外城居民区，街道、商业区、公园的建设，划出城内名胜区，绕以园林道路并控制建筑物高度，永远保留积水潭、什刹海、北海及中南海、前三门护城河等处湖泊，沿岸辟为天然公园。新市区的发展是把西郊新市区建为近郊市，其北建为文教区。新市区周围环以绿带，与城区隔离，通以高速铁路相联络。建设东郊工业区。

游览区的建设包括宫殿、坛庙、公园及四郊的园林、温泉等，以电车相联系。恢复颐和园至城内的河道，使舟艇可以从颐和园通过内城护城河与通惠河直达通县，各游览区建立食堂、旅馆等，在城区及新市区建立剧院、商场、饭店供游人之需。

卫星城的建设包括丰台的总货站区、海淀的大学区、门头沟的工矿区、香山八大处的别墅区、通县的重工业区等。道路建设方面，城内以直达各城门为目标，城外以各城门为起点向四郊卫星城、各名胜古迹处建成放射路，再引至邻县。城墙内外辟成绿带，成园林路。铁路建设方面，在西郊设客运总站，建设平津、平通间的高速铁路。电车方面，城区用无轨电车，郊区建设电车游览路线，通往颐和园、玉泉山、香山、新市区等处。运河方面，恢复平津运河通航，先开通北平至通县段。拟除现有的西郊、南苑机场外，另在北苑及东郊各增建机场一处。

计划还提出实施全市分区制，即分为城区、工业区、绿地区、风景区、美观区等。其中城区分成居住区、商业区、混合区（手工业区）及风景区等。工业区设于通县、石景山等处。绿地区保存农耕地、森林、牧场等，不能变成居住区，绿化区以建设公园、菜场、花圃为主。风景区设于名胜古迹处，保持原有风景。美观区以增进都市的美观为目的。该计划仅为研究性质，从中可以看到北平市工务建筑规划部门专业人员的研究成果与期望，但在当时却无法付诸实现。

北平的交通与城市经济

交通 1913年，上海资本家发起开办北京华商电车有限公司，承办北京内外城全部电车的建设工程。其后陆续在内外城建成有轨电车路线6条：一路从天桥北行经前门、西交民巷、西长安街、西单、西四、新街口达西直门；二路从天桥北行，经前门、天安门、东单北行，再经东四至北新桥；三路从东四南行，经东单、天安门、西单达西

天桥有轨电车站

四；四路从北新桥西行，经交道口、鼓楼、地安门，再西行达太平仓（今平安里）；五路从崇文门北行至东单再西行，经天安门、西单向南达宣武门；六路在外城，从永定门北行，经天桥、珠市口西行，经虎坊桥、琉璃厂达和平门。另一条支路从崇文门南行至花市、磁器口，再行至三里河、煤市街南口、陕西巷、虎坊桥，北行达和平门。1924年正式开始运营。

1915年，北京政府交通部修筑沿城铁路支线，由西直门起，经过德胜、安定、东直、朝阳4座城门至东便门连接京奉铁路线。工期从1915年6月16日起，到10月全部完工，1916年元旦通车。其后，旅客可以从各城门车站登车去各地。1917年，又在门头沟地区修建运煤轻便铁路。

1918年，先后建成郊区通往外地的一些国道，由青龙桥经沙河至小汤山的马路定名为汤山路、小黄村至青龙桥之马路定名

为仁慈路、阜成门至小黄村马路为德惠路、朝阳门至通县马路为博爱路。

1935年，北平市设立北平公共汽车筹备委员会，开辟5条运营线路。日伪时期辟有观光路线。抗日胜利后设立北平市公共汽车股份有限公司，有6条运营线路，每日出车最多约40辆，1948年停运。

工业　民国期间，北平的工业可分为国营（中央政府各部门所属的在平企业）、公营（即市属企业）、私营、手工业（包括传统工艺企业）等4个部分。

国营企业多为规模较大、资金雄厚的工业，如1919年设立的石景山炼铁厂，1938年投产，1945年又扩大为石景山钢铁厂。还有长辛店机厂、南口机厂，以及大型电力、纺织、建材企业等。

公营企业数量少，为地方性生产企业，到抗日战争胜利后北平市政府设立"北平市企业公司"，管理北平市营企业。当时只有机械厂1家，酱油厂2家，制药厂1家，制冰厂1家。公司本部有职员20人，工人5人；机械厂有管理人员及技术人员10人，工人64人；酱油一厂有职员5人，工人58人；酱油二厂有职员9人，工人29人；制药厂有职员6人，工人21人；制冰厂有职员1人，工人2人，均为小规模企业（《北平市参议会会刊》，1948年印）。北平市的公营企业还有印刷业的原北洋政府财政部印刷局，日伪时为财务总署印刷局，抗日胜利后为中央印制厂北平厂，归北平市社会局经营。日伪时有职工2404人，1946年减为1189人。市营企业还有北平市电车公司发电厂、修理厂、变流器厂等。

私营企业多为私人开办的厂家，大体上分为营造、被服、饮食、器用、特产、杂项等类（《北平市志稿》，第3册），包括手工业及传统工艺业。北平市社会局通过北平市商会下设的各产业职业公会管理全市私营工业企业。1947年，北平市商会下设按工业行业设立的产业职业公会共有22个，会员总数（亦为私营企业之数目）为25 699个。

1946年，北平市政府筹建北平市总工会，下设各行业工会15个，还成立了北平市工厂联合会（《北平市政府公报》，1946年1卷6期）。

煤炭工业以门头沟地区为主，房山地区也产煤，多为私人开设的煤窑。1946年设立门头沟煤矿公司，为采煤工业企业。1947年时，该公司产量为48万吨左右。

农林业 民国时期，北平郊区农村劳动方式仍以手工为主、辅以畜力；土地所有制以私有为主，实行的是租佃制，生产效率不高。但此历史时期农业生产逐步向科技方向前进。1928年，北平市政府接管清末的中央农事试验场，从事的农事试验工作有水稻种类试验、陆稻及秋小麦试验、粟种类试验、玉蜀黍种类试验、大豆种类试验、草棉种试验等。1928年，在清河镇设燕京大学研究区，下设清河镇作物试验场，为培育主要农作物新品种，从事小麦、玉米、谷物、高粱之选种试验。到1936年，小麦产量较前增加20%至34%，谷物增加24%至34%，高粱增加30%，被认为是改善北平农业的根本大计（《北京市志稿》，第

3册）。北平的农产品以杂粮为主，有小麦、玉米、谷物、高粱、稻米、黄豆、黑豆、芝麻、大豆、小豆，以及棉花、花生等。

1927年，京都市政公所创办先农坛苗圃，到1938年，共有地50余亩，种类有扁柏、中槐、洋槐、垂柳、元宝枫、梣叶枫、刺楸、栾树等，共有6.9万余株，均供作路树之用。

1929年创办中山林场，后改苗圃，育有各种苗木30余种260.7万多株。同年还创办地坛苗圃，育苗木7.3万多株。造林场有模范林场、哲林林场、德林林场、明林林场，还有西郊罗道庄的农学院林场及其薛家山分场、老山分场、南口分场（《北京市志稿》，第3册）。1934年，在北平市农事试验场内设立林务股，兴办林业，提倡造林；同时承担市区街道之植树。1935年至1938年，分别在城内各主要大街栽植树木，实行绿化。同时在天坛、先农坛等处造林。

商业 民国初年北平商业有40个行业，店铺4541家；1935年有92个行业，店铺1.2万家；1949年初有128个行业，店铺7万多家。行业可分为饮食类、服装类、用品类、杂项类等，而以有关民生的饮食类为主。自1918年以来，北京城先后设有一些混合市场，如首善第一楼、劝业场等，这是不同于以往单一商品店铺的综合大店。此外，西式店铺也大量出现。主要的商业区有前门外大街、大栅栏、天桥、鼓楼、王府井大街、东单、西单等；城内还有专门性的粮食市场、食油市场、肉市场、布匹市场、估衣市场、菜市场、建材市场、煤炭市场等，每种市场都有多处。从事商业交易的主要行业分为食品业、纺织品业、日用品业、古玩玉器业、文化品业、木材业、煤炭业、拍卖业、服务业等。

北平的地方政府对商贸业经常进行整顿，以便加强管理和控制。1915年，北京设立烟酒公卖局，对烟酒交易进行控制，调整官营酒店。敌伪时期，伪市公署根据日军指令，限制物资出境，防止供应抗日人民粮食用品。1939年起，北平商业不断衰退，店铺大批倒闭，当年10月至12月就倒闭1616家。1944年，伪政权实行居民粮食配给制，计口售粮。1947年，北平社会局对商业实行限价政策，即出售日用必需品不许超过规定价格，同时也禁止金银买卖，造成黑市交易。次年1月，因物价不断上涨不能控制而取消限价政策，允许随物价上涨指数定价。1948年8月，实行"币制改革"，政府规定限价，亦即出售商品的价格必须以1948年8月19日那天的价格为准，不许超过。商人无法牟利，纷纷关店拒售，造成市场危机，迫使市政当局不得不在年末取消限价，新币（金圆券）也迅速贬值，"币制改革"以失败告终。

1914年将原商务总会改为京师总商会，并在郊区设事务所。1929年改为北平市商会，郊区也设事务所作为派出机构。1930年，市商会下属各行业组织一律称为"同业公会"。1946年，北平市社会局对各行业同业公会进行整顿，其后共有同业公会139个（内有工业同业公会22个，商业同业公会117个）。

金融 1912年，北京市场流行多种货币，有清代各省及北京铸造的1元银圆，还允许日本、英国、香港、墨西哥等地所造银圆在市上流通。1914年，北京铸造带有袁世凯头像之银圆，在市上流通。还有北京铸造的铜圆（辅币）1厘、2厘、5厘、1分、

2分5种，5分镍币及1角、2角、5角银币也入市流通。1926年在北平设立"河北银钱局"，发行银辅券及铜圆券（均为纸币），在市上流通使用。1935年，北平市奉令自当年11月起，以中央、中国、交通三银行发行的钞票为法币，在市上流通。其他钱币（银圆、铜圆、铜券）等停止使用。1938年2月，伪中华民国临时政府的"中国联合准备银行"发行伪联银券，纸币分为1元、5元、10元、100元4种，硬币分为5角、2角、1角、5厘4种，强迫市民使用。1939年，伪社会局决定交易不准使用银圆，强迫人民将银圆100元换伪联银券104元。1945年日本投降，北平市按国民政府规定伪币5元换法币1元。1948年实行"币制改革"，法币300万元换金圆券1元（参见《北平市志稿》，第3册）。

1912年4月，北京政府财政部将清朝的大清银行接管，在其基础上组建中国银行，为发行纸币、统一国库的枢纽。中国银行为股份有限公司，股本为银圆6000万元，计分60万股，政府有30万股，其余由人民认购。1928年，国民政府在上海设立中央银行，其分行设在北平，该行由政府经营，为国家银行，有权铸造、发行国币。民国时期京都（北平）还有金城银行（1917年设）、中国农工银行（1918年设）、中国实业银行（1919年设）、大陆银行（1919年设）、中南银行（1922年设）、边业银行（1925年设）、中国垦业银行（1933年设）等私人银行。还有外国人开设的花旗银行、中法工商银行、汇丰银行、德华银行、正金银行等。1938年，伪中国联合准备银行在北平设立，是在日军控制下对中国人民进行经济掠夺的机构，抗日胜利后取消。1947

年，北平市政府开办北平市银行，作为地方金融机构开始营业。

财政与税收 民国初，北京政府时期，在京兆公署之下设立财政厅，还设立北京商税总局等机关管理地方财政。所征的税种类有印花税、广告捐、验契税、长途汽车捐、铁路货捐、铺底税、烟税、电车市政捐、牲畜检验税、四项加一捐、房捐、公益捐、邮包税、警饷附加捐、奢侈特品捐、证券登记费、公厕捐、粪场捐等18种。

1928年后的北平市政府设立财政局管理地方财政和制定地方的预算、决算，征税及管理市库、市库券的发行等。税收分为国税和市税两个部分，国税由中央财政部所属的在平税务部门征收，有票关税、烟酒税、平绥路货捐、奢侈特品捐、验契税、矿税等。后又创立所得税，有营利性事业税、个人所得税和行商所得税。地方税的税种繁多，共有23种。北平市的财政收入除地方税外，还有行政收入（各种检验费、罚款、执照、各种手续费、证书费等）、补助（中央政府的拨款等）、事业费（公园、学校、卫生等收入）及财产收入。财政支出主要为行政支出，如各种经费开支包括人员薪资等。

1937年北平沦陷，伪北京特别市财政局管理地方财政收支，以及地方税务、捐务及营业税等。国税称为"统税"，由伪华北统税总局北京分局征收。日伪对北京人民的搜刮、勒索不断加大，地方税计有契税、铺底税、田赋、烟酒税、营业税、筵席捐、娱乐捐、房捐、车捐、地基税、土药（鸦片）税、戏艺捐、妓女捐、游兴捐、旅宿捐、特种营业捐、教育专款附加捐、警察弹压捐、屠宰场使用费、购肉登记费、申请屠宰手续费、家畜市场入场费、家畜市场买卖费、家畜市场交换费、家畜市场检疫费等25种（《北平市政府公报》，1945年1卷6期）。

1945年抗日胜利后，北平市财政局接管伪财政局，废除伪地方税13种，保留12种。次年，又对地方税作了调整，还将城区原有的11个稽征所合并为4个，在郊区设4个稽征所。设立北平市金库，根据《公库法》，将一切税收存入公库保管。北平市的国家税由财政部设立的直接税局征收。

北平教科文卫及宗教

教育 民国成立后实行近代学校制度，北京市的学校分为大学、中学、小学、职业教育、社会教育、特殊教育多种。

1919年，办有私立聋哑学校，招收16岁以下聋哑少年，小学程度。1935年开办北平市立聋哑学校，除教学外还开展科学研究。

民国年间，国立大学有由原京师大学堂改建的北京大学，由北京高等师范学校改设的北京师范大学，由清华学校改设的清华大学，1928年设立的北平大学，还有北平交通大学、铁道管理学院、艺术专科学校、体育专科学校。私立大学比较著名的有燕京大学、辅仁大学、中法大学、北平协和医学院、中国大学等，有的是外国人开办，有的是中国名人开办，均由教育部备案。至1949年，北平市有市立普通中学7所、职业学校2所、师范学校1所，归北平市教育局管理；私立中学46所以及市立小学125所，私立小学360所。中学的管理体制是各校设置教务、训育、事务3部门。私立中小学均在市教育局备案。

1925年，京都学务局开始创办民众学校，亦称平民学校，城内10所、郊区8所。1928年统归北平市教育局管理。民众学校利用中小学校舍晚间上课，市民12岁以上均可入学。1915年至1916年，京师警察厅在各区设立贫儿半日学校，1928年又改为公安局民众学校，到1937年共办40所。沦陷期间，日伪将民众学校改为新民学校，全市有46所。

1928年，北平市教育局开办北平市第一社会区民众教育馆，设有图书、游艺、博物、讲演部及平民学校、民众电影院等，为综合文教单位。其后又开办3个教育馆。1928年，北平市教育局开始举办民众识字班。1929年，在郊区实行农民识字运动。1948年，北平市教育局设立东郊社会教育实验区，开展社会教育。

科研 1929年，国民政府批准设立北平研究院，为地方性科研机构，院长由教育部聘任，下设物理学、镭学、化学、药物、生理学、动物学、植物学、地质学8个研究所及史学、字体、经济、水利、人地5个研究会，开展自然科学和社会科学的研究，研究方向为学理（理论）与实用并重，并与国际学术单位合作，每月经费5万元，由地方财政拨给，这是北平最早的地方性综合科研机构。

1929年，设在北平的中央研究院历史语言研究所开始工作。所内分为3个组，第一组从事史学研究及古文献的考订；第二组从事语言学及民间文学艺术研究；第三组从事考古学、人类学、民物学等研究。几年间完成专书多部，有《敦煌劫余录》《宋元逸词》等，完成论文多篇和考古发掘的《安阳发掘报告》等。

设在北平的部属研究机构还有实业部地质调查所，原为1913年办的工商部属机构，1930年更名。该所设立古生物、新生代化石、燃料、矿物岩石4个研究室，后又设古植物学、土壤、地震3个研究室，还承担出版、地质调查、测量制图等工作。该所研究成果丰富，最突出的成果是1929年该所青年古生物学家裴文中主持发掘得到"北京人"的完整头盖骨。此外，还出版《中国古生物志》等著述98册。

1926年，北京政府成立社会调查部，1929年改称北平社会调查所，是对社会开展调查研究的机构，并编辑出版相关专书。其出版物有《社会科学杂志》，成果有《中国之经济地位》《价值问题的研究》《北平生活费的分析》《北平郊外之乡村家庭》等多部专书。

1928年，静生生物调查所创办，是民间团体尚志学会所属的研究机构，为纪念生物学家范源濂以其别号命名。该所的研究范围是全国的动、植物并促进农林、医学各种事业对生物之应用，普及生物学知识。研究成果丰富，有《中国树木志》《中国动物志》等专书多部，还在外省设有分机构、植物园等。

文化 清末在北京开办京师图书馆，民国成立后续办，馆址先设于广化寺，后迁国子监，藏有《永乐大典》、《古今图书集成》及《四库全书》、方志、金石拓本等。1926年改称国立京师图书馆，1929年又改称国立北平图书馆。1924年，创办北京图书馆，后改称北平北海图书馆，1929年与国立北平图书馆合并，仍称国立北平图书馆。1931年新馆舍落成（今国家图书馆古籍馆）。还有北平市第一普通图书馆（由京师图书馆分馆改建）、中山图书馆（设于中山公园）、北平市教育局设立的民众图书馆等。

1914年，内务部开办古物陈列所，设在故宫外朝区域，将沈阳、承德二行宫宝物运回陈列，又将故宫三大殿及文华、武英殿开放售票参观。1918年，教育部在旧国子监开办历史博物馆，1926年开馆，陈列各种石刻拓本及出土古物。1924年清废帝出宫，1925年设立故宫博物院，当年开放，分设古物馆、图书馆、文献馆、特别陈列室、紫禁城公园、景山陈列分馆及植物园等部分。

民国建立后实行言论著作刊行自由，报刊出版开始活跃，所办的报纸100多家，有的为政党所办，有的为社团或个人所办。1937年，北平市共有刊物118种（不包括"政府公报"）（参见《北京市志稿》，第6册）。

民国初年，胡适提倡白话文，陈独秀提倡文学革命，文坛面貌一新。人们开始新文学创作，诗歌、散文、小说等多以新体出现，闻一多、徐志摩、鲁迅等作家均起着主导作用。白话文小说先有鲁迅的《狂人日记》《阿Q正传》《呐喊》等，均有很大影响。北伐后，北京文坛专写北京生活的作家老舍取得新成就，作品有《骆驼祥子》《四世同堂》等，深为读者喜爱。通俗作家张恨水创作的《啼笑因缘》《金粉世家》等在市民阶层中也有一定影响。

民国年京剧兴盛，班社众多，演员辈出，传统题材剧目在京剧中占优势。京剧主要演员有梅兰芳、程砚秋等。除京剧外，其他地方戏曲在北平也很活跃，如河北梆子、评剧等受到市民阶层的欢迎。这些小型剧种的戏曲善于表现现实生活，唱词优美通俗，同京剧一并占据北平舞台。

民国年艺术领域的突出成就是引入西方的话剧艺术，这是以语言表达剧情的剧种，有别于传统的戏曲。话剧作家有丁西林、田汉、曹禺等，尤以曹禺的作品《雷雨》最为著名。

民国年北平说唱艺术曲艺流行，其中大鼓书就有京韵大鼓、梅花大鼓、乐亭大鼓、奉调大鼓、西河大鼓等多种，以及单弦、北京琴书等。评书、相声等语言艺术也流行不衰，出现许多评书、相声名家。

民国年传统国画和西方绘画并行发展，在国画艺术方面，民国初期以金拱北、陈师曾为主，多所创造；中后期以齐白石、溥儒、李苦禅著称。西方绘画以徐悲鸿最为著称。

民国年传统音乐与现代音乐并呈，传统音乐又称民族音乐，主要用于戏曲演出伴奏。现代音乐则应用广泛，在乐坛及青少年间广泛传播。各中、小学都编谱校歌，影视剧中也时有歌曲插入。电影艺术在北平迅速发展，30年代末有影院10处以上，上演影片民国前期以进口为主，中后期多为国产故事片及歌剧片。

卫生 1928年，北平市政府设立卫生局，后改卫生科，归入公安局，继而缩为卫生股。1933年又成立市政府卫生处，

1934年恢复卫生局的设置。北平市的卫生业务分为医疗、环境卫生、卫生教育及学校卫生、医药管理等几个部分。

民国初年接收清朝的内外城官医院，开办市立医院。1915年成立传染病医院，治疗天花、猩红热、白喉、伤寒、霍乱等传染病，1937年又设立第二传染病医院。从1925年起，开办4个卫生区事务所，是综合性的卫生部门，实行诊疗、传染病管理、环境卫生、学校卫生、卫生教育及生命统计工作。北平市还允许私人开设医院，到1947年，北平市有各类医院47所，药房31所。1948年，北平市卫生局针对医药问题严重的形势，提出巡回医疗、发动公私医院免费治疗、举办医药救济、筹设内外城医药机构、计设免费病床等办法，但实际上不能实现。

1929年，设立北平市卫生教育委员会，负责对中小学学生进行宣传、防疫、体检等。1934年，全市主干道由市卫生局组织清扫，小巷由自治坊洒扫，设立电机井作为水源，并配备卫生警察稽查街道卫生。北平垃圾堆很多，1934年制定法规予以清除。到1946年，市卫生局成立环境卫生总队、清洁大队管理垃圾。北平市卫生局还开展狂犬管理。民国期间，还进行公共卫生及防疫活动，检查冷饮、食品业，进行消毒，1948年扩大郊区预防点，设立四郊医院等10个预防点。

1934年公布《药商管理规则》，举办私营医药单位的换照、注册，取缔假药。开设医院执行申报手续，建立审批制度。对私人开设中、西医院的资格、条件都作出规定。

宗教 清亡后佛教渐衰，北平的寺庙多改为新式学校的校舍，引起僧人不满，向北京政府请愿。时袁世凯的北京政府正谋利用佛教，遂由内务部批准《中华佛教总会章程》，同时发布《管理寺庙条例》，北京政府开始保护佛教。民国初期军阀混战，政权更迭迅速，民生疾苦，也是促成佛教发展的原因。佛教除弘扬佛学外，还在北京举办各种事业，如创办三时学会研究佛学，开办北京居士林讲演，办女子佛学会，创办广济寺宏慈佛学院等。民国时，北京城区有佛教寺庙234所，近郊有141所。

北京政府尊崇藏传佛教，设蒙藏事务局管理，西藏班禅及其他首领也多次来北京。北平保留的藏传佛教寺院有雍和宫、嵩祝寺、福佑寺、黄寺等。

民国时北平道教也有活动，城区有道教宫、观、寺、庙47所。

伊斯兰教又称回教，在京都、北平时期也都有发展。1912年即设立中国回教俱进会，创办了《穆声月报》《穆声半月刊》等，1928年成立北平回民公会。北平的回教寺院主要有牛街礼拜寺，据记载始建于辽代，各区也有清真寺多处。

天主教传入中国历史悠久，清末因列强侵华引起多次冲突，民国建立后，冲突平息，天主教又渐兴起，各国传教士相继来中国，在西安门内的西什库教堂设立天主教总会。北平的天主教有大教堂60处、小教堂223处、公所352处。还有大、小修道院多处，教徒人数20多万。经费由罗马教廷拨给。

基督教（耶稣教，又称新教）自清后期在中国传播，民国成立后，在北平继续发展，入教者多为社会上层人员及知识界人士。该教派别甚多，来自英、美两国的占大多数，如华北美以美会、长老会、神召会、青年会、圣经会等来自美国；圣公会、救世军等来自英国；还有中国创办的中华基督教会等。到 20 世纪 30 年代末，北平城内设立的基督教会有 52 处。

后　记

　　《北京史略》一书，是"京华通览"系列丛书的一个分册，主要记载北京历史的发展过程及其产生的变化。北京是中华人民共和国的首都，又是享誉世界的历史文化名城。其地理位置优越，自然资源丰富，人文历史悠久，物质文化深厚。考古发掘证实，早在70万年以前，北京就有了远古人类活动，"北京猿人"即在房山区周口店一带聚集生存。从远古至新石器时代，人类在北京地区的活动连绵延续，北京城乡多有史前遗址遗物分布。进入有文字记载的历史时期，各个朝代的文物、遗存、遗迹，显示了北京历史文化的方方面面，也成为北京历史发展的真实写照。3000多年前的商周时期，北京出现了燕、蓟两个方国之都，之后又成为诸侯燕国的都城。汉唐时代，北京地为幽燕，虽不及全国政治文化中心的长安、洛阳，但其处于和少数民族接触的前沿地带，是为军事重镇。此后，多个民族在此建都，着力经营，北京地位逐渐上升,最终成为政治中心,性质与过去大不相同。契丹族建辽,立为南京;女真族建金,立为中都;蒙古族建元,立为大都;汉族建明朝,又立北京为都城;满族入关,建立清朝,北京仍为都城,名称不改。千百年来,诸多民族在北京殚精竭虑,并以此为政治中心,演绎出一幕幕壮丽的史剧。北京成为多民族融合交汇的中心地域,作为华夏文明的重要组成,其文化也在历史进程中不断地积累、传承、发扬与辐射,影响深远,恒久恒新。中华人民共和国成立后,北京作为国家首都的独特地位,使得古老城市再次焕发青春,城市面貌发生深刻变化。改革开放后,北京得到进一步的发展,成为全国的政治中心、文化中心、国际交往中心、科技创新中心。北京加快发展步伐,其文明引领全国,影响世界。

《北京史略》一书的内容,主要是撷取北京历史上发生的主要事件,以时间为序,记载北京历史发展的沧桑变化、起伏脉络、大势大略。北京历史,博大精深,即使鸿篇巨制,也难备述。本书的编写目的,是为北京历史"口袋书",力求简约、明快、通俗,使用方便。希望能够成为简明读本,服务读者。

《北京史略》一书的编写资料,主要取材于《北京志》的"大事记""历史概要"部分,以及有关北京史地的书籍。在此,特向《北京志》的编纂人员表示感谢,向所有为本书提供资料的单位和个人表示感谢。

编　者
2017 年 8 月